Nadie sale ileso del amor

ALEJANDRO ORDÓÑEZ

Nadie sale ileso del amor

NUBE
DE
TINTA

Nadie sale ileso del amor

Primera edición: enero, 2020

D. R. © 2020, Alejandro Ordóñez

D. R. © 2020, derechos de edición mundiales en lengua castellana:
Penguin Random House Grupo Editorial, S. A. de C. V.
Blvd. Miguel de Cervantes Saavedra núm. 301, 1er piso,
colonia Granada, delegación Miguel Hidalgo, C. P. 11520,
Ciudad de México

www.megustaleer.mx

D. R. © 2020, Sandra Martínez Iglesias - @minailustraciones, por la portada
D. R. © 2020, Lucero Elizabeth Vázquez Téllez, por el diseño de interiores

ISBN: 978-607-318-755-8

Impreso en México – *Printed in Mexico*

El papel utilizado para la impresión de este libro ha sido fabricado a partir de madera procedente
de bosques y plantaciones gestionadas con los más altos estándares ambientales, garantizando
una explotación de los recursos sostenible con el medio ambiente y beneficiosa para las personas.

Penguin
Random House
Grupo Editorial

A mi abuela,
ojalá fueras eterna.

Contenido

Desamor

Amor propio

Amor

Nota del autor

Como ya te habrás dado cuenta, este no es un libro cualquiera. Si conoces mis libros anteriores, te aviso: este sí que hay que leerlo en orden. Aunque… dependiendo de tu situación sentimental, lo empezarás en un lugar u otro. El libro se divide en tres partes: desamor, amor propio y amor. La rueda de la vida. Nos parten el corazón, nos reconstruimos y lo volvemos a arriesgar.

Así, si estás enamorado, tendrás que empezarlo por la tercera parte; si acabas de salir de una relación, por el principio; y si te estás reencontrando contigo mismo, por el medio. Hay treinta textos de cada categoría, ordenados también de forma cronológica.

No obstante, este libro es tuyo para hacer con él lo que te dé la gana. No seré yo quien te imponga algo. Arriésgate a abrir el corazón, a sanarlo, a sentir todo lo que he sentido yo. Lo que vas a leer son sentimientos que yo he vivido, todo es real. Sea por el principio o por el final, te aseguro que este libro no te dejará indiferente.

Pinta, subraya, rompe, dobla, tacha.

Tú mandas.

Este libro, igual que el corazón, no puede salir ileso del proceso de leerlo.

Prólogo

Una vez, hace mucho, escuché aquello de que «los sueños, sueños son». Y estoy segura de no ser la única que, en algún momento de su vida, ha escuchado esa misma frase.

Para quienes no lo sepáis, esa frase escrita por Calderón de la Barca en su obra *La vida es sueño* trata de hacer referencia, precisamente, a que la vida es un sueño reflexionando sobre cuál es el límite, qué es realmente la realidad y qué parte es el sueño. En cambio, hoy en día, cada vez que escuchamos esa frase es porque alguien intenta decirnos que estamos soñando demasiado alto y deberíamos poner los pies en la tierra.

Y qué pena. Qué pena que una frase cuyo significado es tan grande haya sido reducida a tan poca cosa. Nadie, nunca, debería decirnos que nuestros sueños son demasiado grandes o que no podemos conseguirlos. Por muy imposible que algo parezca, si luchas por ello, lo lograrás.

Al final, lo único demasiado grande, lo único que está lejos del alcance de nuestras manos, es aquello que no intentamos. Y lo difícil no es luchar por lograr todo aquello que te propones, lo difícil está en ser capaz de ignorar a quienes te repiten constantemente que la vida no es un sueño, y luchar por vivir tu sueño, porque sí, si te lo propones, la vida puede ser el sueño más maravilloso que jamás hayas soñado.

Y si de soñadores va la cosa, Alejandro puede que sea el soñador más grande que he conocido en mi vida. Era tan solo un niño cuando tuvo su primer gran sueño: ser escritor. Y sí, de pequeños todos tenemos sueños, yo misma soñaba con ser una gran astronauta. Pero lo mío fue solo la ilusión de una niña al ver cómo mis dibujos favoritos llegaban al espacio, en cambio, él soñó de verdad. Soñó con publicar libros y compartir su magia por el mundo. Y, aunque escuchó demasiadas veces que «los sueños, sueños son», supo y sabe cómo convertir su vida en su propio sueño.

Porque, si bien alguna vez trató de vivir en una realidad que no era la suya lejos de los libros y las palabras, siempre tuvo claro cuál era su lugar. Vive de sueño en sueño y, poco a poco y con paso firme, los va convirtiendo en realidad.

Por eso, hoy estamos aquí otra vez. Yo, escribiendo, y tú, querido lector, leyendo este nuevo pasaje que se encuentra en tus manos. En *Nadie sale ileso del amor* tienes una nueva puerta hacia el sueño hecho realidad de Alejandro y, aunque tanto en *Ojalá te enamores* como en *Amar(se) es de valientes*, te advertí del riesgo que corrías a quedarte atrapado entre sus letras, esta vez no lo haré.

Vive tu vida como quieras vivirla, y no olvides que solo tú tienes el poder de hacer de tu vida un sueño.

Mientras tanto, nos vemos pronto, porque yo aquí me quedo. Tratando de vivir mi propio sueño y soñando con ver crecer aún más el de Alejandro.

Tania Naredo

Desamor

Día 1 sin ti:

Todavía resuena el eco del portazo
que diste al salir de mi corazón,
y tiemblan todos mis futuros con
tu ausencia.

Te vas

Te veo alejarte y no lo entiendo. Miro mis manos vacías de ti, llenas de silencios y caricias derramadas en un adiós que nunca creí posible. De hecho, estaba convencido de que tú serías eterna, que nunca faltarías en mi vida y siempre estarías para calmar todas mis tormentas.

Pero te has ido. Arrancaste de mi pecho el corazón y lo lanzaste lejos, allí donde no pueda ir a buscarlo, ir a buscarte. Perdido entre recuerdos y preguntas sin respuesta, marcado a fuego con tu ausencia.

Te miro con la esperanza de que vuelvas, alargando mis manos para rozar el eco de tu aroma en mi vida. Pero no te vuelves, sigues dándome la espalda con paso firme, que resuena en las paredes vacías de mi pecho. Ese del que un día hiciste hogar, y ahora se apaga el fuego que mantenía vivos todos los sentimientos.

Será el amor, que se mata sin ti.

Que se vacía de mí y enfría mi alma con toques de amargura. Será la vida en pausa por ti, que espera tu regreso mientras tú, ajena a todo este dolor, sigues caminando, sigues avanzando, sigues rompiendo nuestro presente, haciendo añicos todos aquellos futuros que un día planeamos al calor del fuego de nuestra vida juntos.

¿Tan mal lo hice? Tanto dolor no merece el amor, el esfuerzo en construir algo que con el simple soplo de este adiós pronunciado por tus labios se cae a pedazos. Tan débil, tan precario. Y yo que creía que éramos de hierro, a prueba de temblores, a prueba de miedos.

Nunca pensé que tuviéramos que ser a prueba de desamor, de olvido, de dolor.

Mi gran error

Tengo un «vuelve» ahogado en la garganta desde el mismo instante en que dijiste adiós. Incapaz de pronunciarlo, incapaz de dejarlo salir. No sería justo para ti, tampoco para mí. Si has decidido irte, fue por algo. Y no debería nunca intentar retener a alguien que no quiere estar conmigo.

Pero no es sencillo. Cada parte de mi ser quiere volver a estar contigo. A pesar del daño, a pesar de las heridas. A pesar de todo lo que nos dijimos… aún sueño con tenerte en este mundo nuestro que creamos a la medida de lo que un día sentimos. Ahora, en cambio, todo son escombros en este «para siempre» que se cae a pedazos.

Y me ahogo con palabras mudas, en la eterna batalla entre mi corazón y mi cabeza. Uno me pide que corra detrás de ti, la otra me dice que basta ya de sufrir por quien no se merece tanto esfuerzo, tanto dolor, tantas lágrimas de ayer bañadas de recuerdos que engañan.

**Cuando se acaba el amor,
solo recordamos lo bueno.
Olvidamos la realidad de un ayer
que fue lo que en verdad nos hizo decir adiós.**

Por eso guardo silencio mientras te alejas de mí. Porque sé que, aunque hayas sido uno de los pilares de mi vida este tiempo, no podríamos seguir luchando por algo muerto hace muchos intentos. Y hay que dejar ir, igual que hay que entender que la soledad no es tan mala compañera después de todo. La abrazaré como antes te abrazaba a ti. Quizás así consiga ponerme de acuerdo conmigo mismo de una vez por todas y empiece a darme todo ese amor que te exigí a ti.

Nunca debí colgarte ese peso. A veces confundimos las batallas y cedemos a otros la carga que nosotros mismos deberíamos soportar. Tal vez ese fue mi gran error contigo: amarte sin estar completo, querer que me completases tú.

Invierno

Qué fría la vida sin ti. Será que te llevaste contigo el calor de aquel verano, el sol que me calentaba los huesos, y el frío ahora es lo único que me roza la piel. Ya no hay abrazo que dé calor, ni mantas ni fuego entre nosotros. Solo quedan cenizas apagadas, que ni siquiera se atreven a dejar salir el humo. Lo nuestro se quemó en un alarde de potencia, casi magia, diría yo. Un último aliento tibio que desembocó en el frío de tu adiós.

Y ahora que no estás la vida se ríe de mí mientras tiemblo. Me abrazo, pero siento que nunca es suficiente. No sé por qué.

Antes de ti nunca había tenido tanto frío.

Me arrancaste algo que estaba tan adentro que ahora no consigo protegerme. Será que el frío se cuela por la herida aún abierta que dejó tu ausencia, por eso siento este invierno tan profundo.

Y duele.

Porque nunca había pasado tanto frío en toda mi vida como este que sufro desde que ya no estás. No importa el calor que haga afuera, en mi corazón se forman ríos helados de recuerdos que no sanan, sino que congelan poco a poco el amor que yo sentía por ti. Por eso duele de esta manera. Porque este amor seguía vivo cuando te fuiste, tan caliente como el primer día, tan fuerte que lucha por no morir.

Y en su batalla, pierdo. No por el daño que tú me hiciste, sino por el que yo mismo me hago mientras sigo peleando por ti.

Y, sin embargo, aún te quiero

Suena Sabina en la radio. Me dice que te olvide, que estás maldita y no hay besos de tus labios que calen más mis huesos que aquellos que no me has dado. Me aconseja que te olvide, que hay demasiados labios en esta vida como para seguir persiguiendo unos que ya no besan, que solo queman con los recuerdos del pasado.

Y me cuesta dejar de pensarte, dejar de extrañarte, dejar de quererte. Estás en todas las canciones, incluso en las que no me gustan. Eres el verso pirata que me aborda en mitad de la nota más alta, cortando mis alas para que deje de volar y no pueda huir de aquí. Me atas al suelo, a tus pies, mientras suenan en la radio pedazos de nuestra historia. Qué tendrán los músicos que tanto aciertan, que tanto saben.

Y es que, a pesar de tanto dolor y tanta ausencia, aún te quiero.

Cómo dejar de quererte cuando tu recuerdo vuelve a mí en cada canción, en cada bocanada de aire que respiro. Fuiste la sinfonía de mi vida, esa que todos se detenían a escuchar con envidia mientras sus vidas avanzaban en pos de un amor así.

Quién me iba a decir que Sabina tendría razón, que me envenenaron tus besos con un amor maltrecho y falto de emoción, que te irías de mi vida en el peor momento, pues nunca habrá uno bueno para decir adiós.

Y dueles.

Y matas.

Y, sin embargo, aún te quiero.

No sé cómo fingir que no te has ido

Tengo un «te quiero» atascado en mitad del último beso que no pude darte. Incluso mis manos vacías de ti te siguen buscando al otro lado de la punta de mis dedos, queriendo rozar tu amor allí donde solías esperarme y ahora solo hay ausencia en el recuerdo de lo que fuimos.

Me pesan en la espalda los castigos y las dudas, la culpa que ahora es mía, el futuro que rompimos. Se borran los planes, ni siquiera encuentro los míos sin ti porque no sé dónde los guardé. Me equivoqué al pensar que no los volvería a necesitar.

La soga de esta cuerda con la que quiero matar los recuerdos nunca aprieta lo suficiente y por eso lloro. Te derramas en mi almohada con cada lágrima de olvido que lleva tu nombre. Te maldigo hasta quedarme sin voz en un vano intento por asustar al dolor, que espera paciente mis silencios para asaltarme con la conciencia de tu adiós.

Quizá la vida siga más allá de las paredes rotas de mi corazón, pero prefiero quedarme otro rato aquí escondido entre los escombros de nuestro amor por si decides volver y ayudarme a reconstruirlos.

No sé avanzar si no es contigo.

Me abrazo en la distancia intentando engañarme con tus brazos, con tus besos, con tu amor. Y siento que no soy suficiente, no puedo llenar de mí este vacío porque es… era… tan grande nuestro amor que no sé cómo fingir que no te has ido…

¿Qué hice mal?

No consigo entenderlo, mucho menos avanzar. Perderte ha sido un golpe terrible, tan fuerte que aún sigo preguntándome qué hice mal. Qué fue eso tan terrible que me llevó a perder así a alguien que lo era todo para mí. Me sigo repitiendo una y otra vez que no hubo nada extraño, nada grave más allá de las típicas discusiones que tienen todas las parejas.

Pero te fuiste, dijiste que se te acabó el amor, «no eres tú, soy yo» y demás tonterías que solo sirven para que al que dice adiós le sea un poco menos difícil. Pero son mentiras, siempre. No me creo que una mañana despertaras a mi lado y pensaras: «No, ya no le quiero». Algo tuvo que suceder antes, durante un tiempo, que te hizo dejar de sentir aquello que antes prometías con tus besos, con tus ojos, con tu cuerpo. Todo tu ser me hizo sentir feliz, amado, lleno de un amor como nunca antes había experimentado.

Pero se acabó. Dijiste adiós como quien se deshace de una prenda usada, rota por el tiempo y completamente desecha entre las dudas de un porqué que jamás pensé que llegaría a preguntarme.

No contigo.

Eras tan diferente al resto del mundo…, quizá por eso acabamos así.

**Te quise como nunca,
terminó como siempre.**

Cada vez tengo menos suerte en el amor, pues cuando creo encontrar a alguien tan hecha a mi medida como tú resulta que todo era mentira y tal vez nunca hubo tanto amor, tanta alegría, tanta felicidad.

Al menos no para ti, supongo.

¿Qué hice mal? No lo sé, pero no puedo dejar de preguntármelo. Tengo miedo de amar de nuevo así o más de lo que te amé a ti y que me vuelvan a arrancar todo ese amor del pecho de la misma forma en que lo has hecho tú.

Día 5 sin ti:

Mi corazón y mi cabeza
se están cansando de pelear por ti.

Página en blanco

Voy a decirte adiós de la única forma que sé: con la cara por delante, aunque me la partan tus mentiras y tus «por qué». Necesito avanzar de una vez por todas, dejar de amarte, de extrañarte, dejar de cerrar los ojos al oler tu perfume, dejar de mirar el beso que se derrama de tu boca mientras me hablas, me gritas, me clavas dagas en la espalda y en el pecho. En el corazón, en nuestro amor, en lo que nunca volveremos a ser de nuevo.

Voy a marcharme de aquí antes de que olvides que me quisiste alguna vez. No por querer hacerte daño, sino para que seas capaz de entender por qué sigo llorando por nosotros. Me iré, y lo haré despacio, no quiero pisar los futuros que perdimos para que puedas mirarlos de vez en cuando.

Voy a decirte «nunca» por primera vez. Voy a negar hasta las caricias que tanto amé. No más noches de irme a la cama llorando por ti, no más vacíos en el pecho que no se llenan por muchas lágrimas que derrame en tu nombre.

**Se acabó seguir habitando una herida
que hace tiempo tú ya convertiste en cicatriz.**

Es hora de igualar la balanza. Serás tú quien me piense ahora, quien se pregunte cómo pude pasar página de ti. Te mentiré si hace falta, pues no pienso dejarte ver que, después de ti, aún no he sabido cómo enfrentarme a esta página en blanco que es mi vida.

Romperé tus fotos

No me merecía nada de esto. No después de dar todo por ti. No merezco sufrir otra vez por alguien que no ha sabido valorarme como en verdad me correspondía. Dueles como nunca antes dolió nadie y, aun así, te da igual. Le das la espalda a todo esto que tuvimos como si el mañana sin mí fuera mejor, como si todo lo que vivimos juntos hubiera sido solo un error para ti.

No lo entiendo: si se te estaba acabando el amor, bien podías haber dado señales. O quizá fui yo quien no las supo ver, quien no entendió aquel ocaso en tu mirada, y hoy navego ciego en esta noche eterna que me cubre.

Pero… ¿esto quieres? ¿De verdad?

Porque a olvidar no me gana nadie. Romperé tus fotos y quemaré tu recuerdo en la hoguera de este amor que todavía arde de puro dolor. Se consumirá a sí mismo mientras yo avanzo lejos de ti. No habrá mañana para mí contigo, al contrario, lucharé por ser feliz sin ti.

Y, cuando me hablen de ti, cuando me cuenten cómo te va lejos, callaré todas las voces que me griten por dentro un «vuelve», un «te echo de menos» o incluso los «nadie te volverá a amar así». Porque no me merezco este dolor, mucho menos cuando lo di todo por salvarnos de este infierno.

Y, estoy seguro,
este amor que yo tengo vale mucho más que tú.

No quiero amarte

Nunca pensé que diría esto, pero ojalá pudiera dejar de amarte. Olvidar el sabor de tus labios en mi vida, las eternas caricias que nunca acababan. Olvidar todo lo bueno, que lo hubo, por supuesto, pero que no compensa cada una de las heridas de hoy. Me he cansado de seguir amándote, de continuar luchando por algo muerto hace demasiados intentos.

Me he cansado de ti, yo, que juré no dejarte nunca, que de verdad creí en este «para siempre» del que ahora me arrepiento. Tú, que eras tan diferente al resto, terminaste siendo igual: una herida más en un corazón demasiado maltrecho. Así que vete. No vuelvas. No quiero amarte más. Será un proceso largo, no lo dudo. Me va a costar demasiado acallar las voces que me piden que vuelva atrás.

Pero esta vez es definitiva. No quiero, ni puedo, seguir luchando por un «nosotros» que no me hace feliz.

No hay nada malo en mí,
lo tengo muy claro.

Lo he dado todo por ti. Por eso duele tanto, supongo, porque por una vez sé que esto no es para nada culpa mía.

Y odio perder el control así. Decidiste por nosotros el mismo día en que te quitaste la máscara y te mostraste tal cual eres. Ojalá lo hubieras hecho desde el principio, así ninguno de los dos habría perdido el tiempo.

No quiero amarte, pero lo hago.

No puedo más, por eso me voy.

No me sigas, no me busques.

Se acabó.

Amor marchito

El viento mueve las flores, las hace bailar y se ríen de nosotros, de todo lo que dejamos atrás. Les hace gracia vernos llorar. Disfrutan de un adiós que ellas sabían que llegaría. Incluso desde el primer día que confundí lirios con rosas, orquídeas con margaritas. No te conocía tanto como debería…

Tal vez fue mi culpa, como siempre, demasiado perdido en mis cosas… O culpa tuya, quizá, demasiado perdida tú en las tuyas. Tal vez nos mentimos sin estar del todo presentes. Así nos iba, creyendo en palabras vacías para seguir disfrutando la mentira de un presente que poco a poco se iba haciendo trizas.

Y hoy las flores de este entierro se ríen de nosotros. Bailan sobre los restos de un amor quemado en el intento. Tiene gracia incluso verlas así de felices. Tal vez sabían desde el principio que aquellas miradas perdidas no iban a terminar nunca por encontrarse. Quizá, no solo fue eso.

**Tal vez lo que para nosotros era posible
parecía un imposible obvio para el resto.**

Incluso lo fue para las flores de aquella primera cita que terminaron olvidadas en la mesa de un bar demasiado oscuro, demasiado ruidoso, demasiado nosotros. Entre tanto que no dijimos aquel día, sumado a todo lo que callamos después, hicimos del silencio en nuestras vidas un ruido tan intenso que nos dejó sordos de verdades el día en que por fin nos sentamos a escuchar.

Se ríen ahora las flores, de nosotros, de un futuro perdido entre los pétalos de un «me quiere», «me quiso», «se terminó para siempre». Se ríen porque saben que tenían razón, que fueron testigos de toda esa destrucción y nosotros, idiotas, no quisimos hacerles caso cuando se marchitaban en nuestro amor.

Duele echarte de menos

Echo de menos el calor de tu abrazo, la seguridad de tenerte siempre a mi lado cuando todo se ponía cuesta arriba. Echo de menos tu olor, tu risa, tus ganas de ser feliz sin importar lo mucho que doliera la vida. Me faltas cada instante, abrazo el vacío de tu ausencia inconscientemente y solo encuentro frío aire allí donde antes estabas tú.

Frío.

Todo está frío desde que te fuiste: mi cama, mi pecho, mi mundo. Un frío que me penetra los huesos y nadie consigue alejar. Pienso que si volvieras ni siquiera tú conseguirías alejarlo de nuevo. Ya no sería lo mismo.

**Elegiste huir cuando más te necesitaba
y no creo que eso sea algo que pueda
llegar a curar jamás.**

Al menos no en lo que a ti se refiere, pues cada vez que te acercaras abrirías la herida de nuevo.

Pero te echo de menos, al menos echo de menos lo que era estar contigo. Sé que me volveré a enamorar algún día, que alguien ocupará tu lugar y me hará olvidar toda esta tristeza, pero no puedo evitar querer volver atrás en el tiempo, a todos esos momentos felices que pasamos juntos y que hoy me engañan. Solo consigo recordar lo bueno con claridad. Todo lo malo, que lo hubo, se pierde en mi memoria y lo atraviesa la imagen de tu risa, el recuerdo de las noches a oscuras abrazando el infinito de tu cadera o, simplemente, el beso que siempre me dabas para callarme cuando no conseguías enmudecerme de ninguna otra manera.

Duele haber llegado a esto.

**Duele porque jamás pensé
que tendría que echarte de menos.**

Día 10 sin ti:

He aprendido que decir adiós a quien
todavía quieres es una de las cosas
más duras, tristes y dolorosas que
conozco.
Por eso, el adiós también es para
los valientes.

Todavía dueles

Me duele pensar en ti y darme cuenta de que ya solo somos pasado. Tú, que juraste «para siempre» y prometiste no irte nunca de mi lado. Se suponía que no habría piedra alguna lo suficientemente grande como para hacernos caer de esta manera.

Sin embargo, aquí estamos, tan lejos el uno del otro que ya ni siquiera recuerdo el calor de tus manos rozando el frío de mi piel. Aquellas noches de invierno bajo unas sábanas que ocultaban el desnudo desafío que le lanzábamos a un mundo que nos miraba con envidia, como queriendo para sí mismo parte de toda la felicidad que por aquel entonces compartíamos.

No sé en qué momento te alejaste, solo recuerdo la extraña sensación de ausencia que se instaló en mi alma cuando, con cada media sonrisa tuya, una pequeña daga se clavaba poco a poco en mi corazón. Ojalá hubiese leído en tus labios una explicación, aunque fuera muda. Quizás así habría sido menos doloroso aquel adiós.

Y todavía dueles.

Está todo tan reciente que no puedo evitar pensar en ti como algo que me han arrebatado, un vacío que nada llena pero que, estoy seguro, no estará ahí mucho tiempo. Si has decidido irte, vete, pero no esperes encontrar abierta mi puerta si un día decides desandar tus pasos. La vida es demasiado corta como para seguir tropezando una y otra vez con la misma persona. Seré feliz de nuevo, sin ti, y no dejaré que el frío de tu invierno congele mis ganas de dejarte atrás.

Sé fuerte

Es normal que duela. Todos hemos pasado alguna vez por ello. Duele más de lo que nunca imaginaste, pero todo está bien.

El dolor es parte del proceso, parte de la cura.

Hay que dejarlo salir por completo antes de poder volver a llenarte. No hay tiempos preestablecidos ni nadie que te pueda decir: «Oye, ya pasó un mes y ya tienes que estar bien». No hagas caso. Tú, a tu ritmo. Deja que todo fluya como tenga que hacerlo, que las lágrimas humedezcan los recuerdos y no tengas miedo de romper con el presente durante un tiempo.

Estará ahí esperando cuando vuelvas, cuando la herida se cierre. A veces nos olvidamos de sanar bien antes de regresar al ruedo y eso nos acaba doliendo, abriendo nuevas heridas al lado de aquella que creímos que ya había sanado.

Nadie puede decirte cuándo
te tiene que dejar de doler.

Deja que duela tanto como la importancia que tuvo para ti. Es un proceso, tómate tu tiempo para volver a sonreír.

No tengas prisa, vacíate primero de aquel pasado. Respira hondo, deja que salga, por mucho que pienses que dejarlo salir es perder los recuerdos. Qué va, estos seguirán ahí cuando ya no llores, cuando ya no estés encerrado en ti mismo abrazando esa tristeza. Seguirán ahí con todo lo bueno y ya no habrá dolor al mirar atrás.

Sé fuerte, cada día que pasa estás un poco más cerca de superarlo, aunque ahora no lo parezca.

Sed de ti

Tengo los labios secos de besos muertos que no saben lo que es rozar tu piel. Tengo ganas de tenerte entre mis brazos, de acariciar tus curvas y saciar mi sed. Tengo sed de ti, de todo lo que eres, de lo que significas para mí. Estoy sediento en este desierto helado que son las noches de cama vacía, de sábanas frías y de un hueco inmenso que no llena tu recuerdo.

Las gotas de olvido no sacian nada, solo enmudecen las palabras que no llegan a salir de mi boca: «vuelve», «quédate esta vez». Pero no, despierto y te me vas igual que un sueño, esquivo en la memoria, pero con tu tacto aún en mis dedos. Y se me rompen las ganas, se me parte el alma, lloro por ti porque por mí ya gasté todas las lágrimas.

¿Y tú por mí? ¿Lloras o ríes?

No lo sé.

Me imagino que un poco de ambos.

Nadie sale ileso del amor.

Y hubo amor, a toneladas. Pero también sé que el invierno que me cubre envidia tu verde primavera. Floreces de esperanza gracias a nuestro adiós y te veo oler las flores mientras yo sigo tiritando en este frío que me cubre desde que dijimos «nunca más».

A ratos me arrepiento, supongo que por toda esta sed que tengo de ti. Me arrepiento de no haber hecho las cosas mejor, de no haber retenido tu aroma en el tiempo o tu mano en mi pecho aquella noche en que por primera vez hicimos el amor.

Tengo sed de ti, sí, y por eso muero.

Len

ta

men

te.

Espejismos

Es extraño, pero todavía te siento en mi vida. Mi cabeza tiene un peculiar juego contigo. Fragmentos de lo que fuimos se entremezclan con la realidad, y todavía hoy te escucho cantar en la ducha, reír en el salón, saltar en mi cama mientras intento dormir. Incluso a veces te escucho llorar en soledad, callando todo lo que hicimos mal. Te veo en cada canción de piano, en cada copa de vino solitaria que me acompaña durante las noches en vela cuando por fin desisto y salgo de la habitación en la que tantas veces hicimos un amor que ahora solo es espejismo.

Será que la poca cordura que me quedaba te la llevaste contigo, rumbo a ninguna parte, pues te veo volviendo a buscarme cada día en ropa interior. Te cuelgas del marco de la puerta, te ríes, yo lloro. ¿Por qué mi cabeza me hace esto? ¿Por qué seguir anclado a ti cuando zarpaste hace ya demasiados silencios?

Tal vez, soy un náufrago de tu vida.
Navegué directo a la tormenta y ganaste tú.

Ahora, a la deriva, solo veo espejismos de una realidad perdida hace mucho tiempo, sediento y desorientado en el vacío de tu adiós.

Volverá la vida, estoy seguro, a un cauce menos sombrío. Recuperaré, algún día, la cordura que me robaste y dejaré de verte en cada rincón de mi vida. Eterna cuenta atrás que nunca olvida, que nunca olvido, mientras te siento en mi vida sin poder rozarte siquiera la mejilla con la yema de mis dedos, todo lo que sí mereció la pena en nuestra historia.

Quiero olvidarte

Tengo ganas de olvidar todo lo que viví contigo. Poder correr un tupido velo que me impida recordar tanto lo malo como lo bueno. Cerrar las ventanas del ayer para que ningún amanecer me traiga de nuevo la luz de tu mirada, esa tan bonita que antes iluminaba mis días y que ahora solo quiero poner en pausa. Para siempre. Un punto y final…, no, ni siquiera eso. Quiero arrancar todas tus páginas y sentir que detrás de este papel en blanco solo hay un vacío también por llenar.

De mí, esta vez, de todo lo que dejé de hacer por estar contigo. De todo lo que callé, de todo lo que no hice y quise hacer, de todo lo que nunca seremos de nuevo. Dos extraños más que se miren durante dos segundos en el metro, sin más relación que una pregunta muda y soledad. Un silencio compartido y un adiós no pronunciado cuando llegue a la estación en la que, al fin, te deje atrás. Para no volver a verte.

Ya me toca ser feliz. Arrancaste una parte de mí cuando me acostumbré a mi vida contigo. Ni siquiera me di cuenta, no quise hacerlo.

Era tan feliz en aquella mentira que me prometías que no supe ver todo el daño que me hacías.

Pero ya se acabó, me quité la venda de los ojos en cuanto se terminaron las lágrimas que humedecían aquel adiós, que enturbiaban una realidad callada durante demasiado tiempo.

Por eso quiero olvidarlo todo. Lo bueno, lo malo: todo. Que no quede nada cuando me despierte mañana y pueda volver a ser lo que era antes de ti. Sin tantos miedos, sin tantas heridas. Sin recordar jamás nada de lo que viví contigo.

Quizá mañana

Todavía hoy sigo escuchando tu nombre enlazado con el viento, como si el mundo quisiera recordarme lo que perdí una y otra vez, trayendo a mi memoria el recuerdo de tu risa, de tus besos, de tu amor. El recuerdo marchito de un adiós definitivo que nunca quise creer que fuera real. Esperé durante mucho tiempo que volvieras, tanto que me cuesta reconocerlo en voz alta cuando me preguntan por ti.

No fue fácil aceptarlo, quizá por eso duele más. Porque la realidad sin ti parece mucho menos real, o quizás era al revés, quizá lo que vivimos era un sueño y esta vida sin ti es demasiado normal. Tú le diste sentido a las canciones, a todos los acordes de un mundo gris que se tiñó de colores al compás de tu risa. Ahora palidecen las fachadas de nuestro mundo en ruinas mientras tú te alejas.

Puede que mañana sea capaz de dejar de llorarte, de echarte de menos, pero hoy siento que necesito seguir llorando por ti, vaciar el baúl de los sentimientos para poder, algún día, llenarlo de nuevo. Ese momento llegará, estoy seguro, y lo llenaré de mí de una vez.

**No dejaré que nadie vuelva a tener
tanto poder sobre mi corazón.**

Ya he sufrido demasiado por personas que dicen quererme más que a nada en esta vida y, cuando menos te lo esperas, te parten en mil pedazos y se olvidan de todas sus promesas.

Por eso, quizá mañana vuelva a estar bien. Estoy seguro de que será así. Volveré a ser feliz sin ti, y el viento dejará de traerme tu recuerdo. Nada dura eternamente, ni siquiera el eco de tu nombre en mi vida.

Por mucho que te quiera, por mucho que te quise, mañana no habrá nada aquí para ti.

En otros brazos

Hoy no es un día cualquiera. Hoy la herida ha vuelto a sangrar. Esa que creía que ya estaba cerrada, esa que a ti te dio igual, esa… Hoy te he visto en otros brazos, rozando otro corazón. Un amor que ya no es el mío, ni lo será jamás. Hoy se han caído a pedazos los restos de ilusión, de esperanza. Se apagó la última luz que todavía alumbraba aquella historia y que se resistía a quedar envuelta en oscuridad.

Supongo que es ley de vida. Te perdí y no tenías por qué esperar nada de mí. Dudo que hubieras querido volver al hogar que hicimos juntos entre los escombros de nuestros pasados. Aunque ahora que lo pienso… es solo un escombro más en nuestra historia, una montaña enorme de piedras que no supimos esquivar y que se ríe de nosotros en la distancia que hemos ido poniendo de por medio.

Tú más que yo, ahora lo entiendo.

Al verte abrazando así a otro, exactamente igual que antes me abrazabas a mí, entendí que ya no hay nada en ti para este corazón roto. Que el tuyo, aunque también sufriera, ya sanó, y ahora se lo regalas a cualquiera.

Sé que no es justo lo que digo, que seguramente él sí te esté amando como no supe hacerlo yo.

Pero dueles. Más de lo que imaginas.

Pues ya no es por mí por quien sonríes, por quien apuestas los pedazos de ilusión que aún te quedan. Me arrepiento de tanto…, no sabes lo que duele saber que te he dolido, que tu apuesta por mí falló igual que fallé yo en intentar quererte mejor.

**Ojalá él te sepa dar
todo lo que yo no supe.**

Que te quiera bien, porque quererte más es imposible.

Y aunque un día te pierdas, que te ayude a encontrarte y te ame tanto como mereces, por una vez.

Díselo a él

Dile lo que fuimos, el amor que sentimos entonces y que, estoy seguro, todavía sigue guardado en algún rincón de tu corazón. Nadie puede amar tanto y condenarlo todo al olvido. Puede que te mientas un tiempo, pero donde hubo amor siempre quedarán el recuerdo y el cariño.

Dile que nunca habrá nadie como yo, aunque él lo intente. Que amor como el nuestro solo se vive una vez en la vida… por mucho que terminara, por mucho que al final doliera, lo que significamos el uno para el otro jamás lo volveremos a sentir con alguien. No porque no queramos, sino porque una vez que algo duele tanto como dolió lo nuestro, te proteges y ya nunca dejas volver a entrar a nadie tan adentro.

Dile que por más que lo intente, por muy feliz que te haga, hay ciertas barreras que nunca se volverán a cruzar de nuevo. Y ahí sigo, anclado tan profundo que los dos sabemos, sin decirlo, que hay amores que nunca mueren aunque la vida se empeñe en separarlos y cruzarlos con otros caminos.

Y, a pesar de todo esto, dile que jamás volverías conmigo, que esté tranquilo, aunque nos queramos como lo hacemos, aunque sienta celos de aquel amor que un día tuvimos…

**Hay personas que no están hechas
para hacerse felices.**

Y esos somos nosotros: dos amantes pasajeros que se quemaron el corazón por querer volar más alto que el sol y que ahora sufren desde lejos por lo que pudo ser y no fue, por lo que jamás será de nuevo.

No me olvides

Me da miedo, en parte, que te olvides de mí. De todo lo que fuimos y lo que aún somos a pesar del tiempo y la distancia que hemos puesto de por medio. Aunque ya no hablemos y solo nos queden los recuerdos…, no me olvides. Yo jamás olvidaré lo que viví contigo. Cruzamos nuestras vidas durante un tiempo, nuestros mundos. Tus huellas siguen marcadas a fuego en mi corazón, en mi cadera, en las noches a oscuras en las que todavía puedo sentir tu respiración pausada al otro lado de mi cama.

No olvides nada, ni siquiera el daño que llegamos a hacernos. Son lecciones de la vida, y el olvido te condenaría a volver a sufrir en otro corazón futuro. Abraza las cicatrices de aquel amor, igual que yo amo las mías.

**Hay heridas que son para siempre,
como un recordatorio de lo mucho
que llegó a importarte alguien.**

Qué horrible sensación es el olvido cuando se trata de alguien que un día lo significó todo para ti. No sé cómo la gente puede olvidar así. Por eso te pido que tú no lo hagas. Quizás en diez, veinte o treinta años volvamos a cruzar nuestros caminos y podamos reconocer en las arrugas del otro aquella historia en la que un día fuimos felices. Y nos riamos entonces por todo lo vivido juntos, en un tiempo tan lejano que tal vez los daños ya estén enterrados y podamos incluso volver a intentarlo. Quién sabe.

No pienses que te digo todo esto pensando en volver contigo, no es ese el motivo. Pero no me gusta cerrarme puertas, mucho menos las de mi propia memoria. Te viviré en mi cabeza cuando te eche de menos, recordando todo lo bueno que hubo en aquella historia que para mí no fue una estrella fugaz, sino la luna que iluminó mi firmamento durante tanto tiempo. Ahora que no estás, vivo en un eclipse continuo mientras espero a que el dolor dé paso a nuevas luces, nuevas lunas, nuevos amores que complementen mi mundo y mi felicidad.

Así que no me olvides, que yo a ti jamás te olvidaré.

Día 20 sin ti:

Con el tiempo aprendes
a no ir detrás de quien elige irse.

Basta ya

Basta ya de llorar por alguien que no quiso quedarse, que se fue sin siquiera mirar atrás. Basta ya de seguir buscando en el pasado las respuestas que me devuelvan la paz, el amor que perdí y que nunca volverá, la fría caricia de un adiós que se me clavó muy dentro.

Basta ya de seguir anclado a ti, como si no hubiera un mañana para mí, alejado de todo lo que fuimos. Reconozco que fui feliz a tu lado, más de lo que lo había sido nunca con nadie, que romper con todo aquello ha sido muy difícil y aún me arrepiento de demasiadas cosas, pero no pienso arrepentirme de seguir viviendo. Me lo merezco.

Me merezco ser feliz lejos de ti.

La vida es demasiado corta como para seguir buscándote en cada mirada, en cada abrazo vacío de las personas que me rodean. Nadie abraza como tú…, pero tendré que aprender a vivir con ello. Abrazarme yo, incluso. Amarme un poquito más cada día hasta que me ame más a mí que a nadie. Incluso más que a ti. Con suerte, todo el amor que te tenía se perderá contigo en el olvido al que nos has condenado.

Y ahí estás bien, cada día un poco más lejos, cada día un poco más débil. Al menos a mis ojos pierdes poco a poco todo el poder que te di. Qué iluso fui.

Pero ahora abro los ojos, por fin. No te preocupes, ya no estoy ciego de amor por ti, todo lo contrario: he decidido amarme y ser feliz.

Conmigo, aunque nunca llegue nadie más.

Conmigo es suficiente.

Palabras de cobardes

«No vales nada», «nadie te va a querer como yo», «nunca serás feliz»…

Qué horrible es el desamor, a veces, cuando la persona que más quieres te hiere con palabras en lo más profundo de tu ser. Eso no es amor, sino lo contrario, un maltrato que nadie se merece y mucho menos por parte de alguien que un día significó todo para ti. Y qué idiotas somos a veces, cuando dejamos que esas palabras pesen, que nos hundan en el mar de dudas en el que nos despertamos cada mañana, y nos ahoguen con certezas inventadas por alguien que solo busca hacernos daño.

«Eres horrible», «nunca te quise», «sin ti estoy mejor»…

Mira, en esta última sí estoy de acuerdo. Sin ti estoy muchísimo mejor. Me he librado al fin de alguien que nunca supo lo que yo valía, que pensó que no hacía falta demostrar el amor cada día. Cuando más te necesité, nunca estuviste a la altura. Así que sí, sin ti estoy mejor. Más aún ahora que te quitas la máscara en este adiós.

«Seguro que me fuiste infiel», «quién sabe lo que hiciste este tiempo», «contigo perdí el tiempo»…

Sí, tiempo que nadie me devolverá jamás. Y no, claro que no hice nada que pudiera poner en peligro el amor que te tenía, porque nunca le dolería a nadie como un día me dolieron a mí. Si estaba contigo, créeme que jamás habría buscado nada en otros brazos, en otros labios, en otro corazón. Contigo era suficiente, pero nunca pensaste que alguien te pudiera querer realmente así. Me apiado de ti, que de tanto que te han dolido te crees con derecho a doler a todo el que se cruce en tu camino. Pero a mí ya no, eso se acabó.

«Vete y no regreses, no quiero volver a saber de ti».

Espera, que esto lo digo yo, va sin comillas.

Vete y nunca vuelvas, aquí ya no hay nada para ti.

De tan ciego que es el amor, nunca llegué a ver a la persona tan cobarde que había detrás de toda esa fachada. Así que no, no vuelvas, porque todas las puertas de mi vida, y sobre todo de mi corazón, están cerradas para ti.

No me busques

Al principio pensaba que lo único que quería era que volvieras conmigo. Lloré mares enteros sobre la almohada, humedeciendo los recuerdos de todo lo que fuimos juntos, abrazando la idea de que tenías en tus manos toda mi felicidad. Incluso te imaginaba tirándola al suelo, pisándola y rompiendo en pedazos toda la ilusión, la esperanza, mis ganas de volver contigo.

Te reías de mí al hacerlo, como si supieras el daño que estabas provocando y, aun así, disfrutaras con ello. En parte sigo pensando que así era, que el dolor que dejaste en mí fue una venganza más de las tuyas. Por suerte, abrí los ojos. Todo el mundo me lo decía, pero yo era incapaz de verlo, de verte a ti como en realidad fuiste siempre.

Te idolatraba, casi. Y menudo error.

Nunca debemos depositar en otras manos nuestra vida, nuestra alegría y ganas de ser felices. No sabes qué puede cambiar en el corazón de alguien, en su forma de quererte. Y contigo un día cambió todo. Te quitaste la máscara y yo no me di cuenta. Tanto te quería… tanto que incluso me olvidé de mí, de quererme yo todo lo que debería porque, idiota, creí que eso ya era cosa tuya.

Por eso ahora, que al fin comprendo mis errores, que he aprendido de ellos y jamás volveré a pasar por algo así, te digo que no me busques. Se terminó lo nuestro, por suerte, y no habrá reencuentro posible para un «nosotros». Ahora me quiero yo y nunca dejaré de hacerlo.

La vida es demasiado corta
como para confiar siempre en que los demás
te quieran todo lo que debes quererte tú mismo.

Te lo debes

Creo que ya es suficiente, que ya has tocado fondo. No puede ser que sigas cayendo en este pozo por culpa de alguien que no quiso estar. Entiendo que duele, que no es fácil, que cada lágrima derramada enturbia ligeramente su recuerdo y que por eso no dejas de llorar. Piensas que así, si no ves las cosas claras, duele mucho menos. Pero no es verdad.

Te empeñas en sufrir por alguien que se ha ido, dejando toda tu vida en pausa como si al quedarte ahí, abajo, todo lo demás no importara. Te mientes, una y otra vez. Te mientes cuando crees que el mundo espera por ti. Obviamente, todo esto es un proceso que cada uno vive a un ritmo diferente. Que nadie te diga nunca cuándo tienes que estar bien.

Pero no te abandones.
No dejes que te gane el dolor.

Sécate las lágrimas cuando sientas que son más débiles que tú, agárrate a la esperanza y mira de nuevo hacia arriba. Estás en lo más hondo y salir de ahí no será fácil. De hecho, esa será una de las batallas más duras de tu vida.

Pero puedes con ello. Todos nos hemos tenido que enfrentar a esos demonios alguna vez. Puedes volver a estar bien, a sonreír y dejar de llorar por un pasado que se perdió tiempo atrás, que ya no está por mucho que te aferres a su recuerdo.

Levántate, límpiate la cara, mira al frente y sé feliz.

Te lo debes.

«Peros»

Dicen que el amor es ciego hasta que te quitas la venda de los ojos y ves su realidad. No estoy del todo de acuerdo con esto. Pienso que el amor es sincero, pero somos nosotros quienes elegimos mirar hacia otro lado muchas veces. Ese: «Me gusta, pero…». Y ahí sale lo que no nos gusta tanto, lo que decidimos obviar a pesar de saber que algún día pueda ser un problema en la relación. Si no te gustaba algo desde el principio, cuando todo parece bonito, mucho menos te gustará cuando pase el tiempo y lleguen los roces, la rutina…

Y entonces estallamos. Ese «pero» se convierte en un problema enorme que tú ya sabías que llegaría algún día, pues desde el principio de todo ya era algo que te molestaba. Ahí está nuestro error, en querer amar a personas con «peros», en no esperar pacientemente a que llegue alguien que no te haga dudar en nada.

Nos lanzamos al primer amor que se cruza en nuestro camino, sin importar casi nada más que esa momentánea felicidad que nos regala. Luego llegan los problemas, nos quitamos esa venda autoimpuesta y… nos golpea la realidad.

Obviamente, hay «peros» superables. «Me gusta, pero es desordenado…». Eso se puede superar. «Me gusta, pero habla con muchas chicas», «me gusta, pero sueña con vivir en otro país y yo en quedarme en esta ciudad», etcétera. Esos son los que callamos, los que aceptamos y no deberíamos, los que al final acaban haciendo explotar cualquier relación.

**Ama sin miedos y no tengas prisa.
Ya aparecerá quien esté hecho a tu medida.**

El mundo es inmenso, lo mismo que las personas. Y, además, la soledad es una buenísima compañera. No siempre hay que estar en pareja para ser felices. Todo lo contrario: el mejor amor llega siempre cuando más nos amamos a nosotros mismos, cuando más claras tenemos nuestras metas, nuestros sueños. Lo que queremos en nuestras vidas.

Se intentó, se luchó, se perdió

No puedo evitar pensar en ti de vez en cuando, más aún de lo que me gustaría admitir. Si me preguntan, mentiré, diré que estoy mejor sin ti, que está todo superado, que ya no te busco en mi vida cuando me siento solo, o cuando necesito un silencio compartido en el salón de aquel hogar que un día hicimos juntos. A pesar de vivir en casas diferentes, encontramos un amor que hacía las veces de hogar improvisado, donde refugiarnos de la vida cuando esta decidía ponerse patas arriba.

No puedo evitarlo, ni quiero.

**Volver a ti en mi cabeza, aunque es doloroso,
me ayuda a sanar algunas heridas.**

A entender mejor el porqué de tanto daño, de perdernos en un bosque que nunca nos dejó ver más allá de las ramas rotas que tanto quisimos curar, sin entender jamás que éramos nosotros mismos los que no encajábamos.

**El pasado me ha roto en tantos pedazos
que ahora soy un *puzzle* que no todo
el mundo sabe hacer.**

Tú no supiste. Quisiste encajar tus piezas allí donde no se podía y por eso dolía tanto. No te culpo, nos cegamos de amor y olvidamos que no todos los ríos van al mar, que a veces se pierden en mitad de la montaña, o terminan en otros que sí les ayudan a llegar. Nosotros fuimos uno de esos «quiero y no puedo».

Se intentó, se luchó, se perdió.

No hay más.

Cicatrices por bandera

No me gusta pensar en ti como algo pasado, pero poco a poco asumo esta realidad. No ha sido un proceso fácil, al contrario, es posiblemente lo más difícil a lo que me he tenido que enfrentar. De la noche a la mañana me arrancaste el corazón del pecho. Suena frío, duro, pero es la realidad.

Te lo llevaste lejos, escondiéndolo entre las piedras de mi camino en un futuro incierto al que no sabía cómo llegar. No es fácil avanzar cuando sientes un vacío tan adentro que te preguntas cómo es que todo lo demás sigue en pie y no se pierde en ese agujero negro que consumía todas mis ganas de ser feliz. No quiero llamarlo depresión, le tengo mucho respeto a las personas que de verdad la sufren, prefiero llamarlo tristeza. Una tristeza tan profunda que volvía gris incluso el día más perfecto.

Pero nadie puede vivir anclado en el pasado. No se puede ser feliz atado de pies y manos a los recuerdos hirientes de una historia que llegó a su fin. Y eso fuiste tú, una gran historia, muy bonita a veces, pero con un duro final del que me ha costado horrores levantarme.

Ahora, al mirar atrás, tiemblo y me protejo el pecho, como si quisiera evitar que tu recuerdo me volviera a robar lo que más aprecio. Me costó mucho encontrarlo allí donde lo dejaste tirado. De hecho, todavía se pueden ver los remiendos que hice para volver a juntar todos los pedazos.

Por eso ahora siento que soy más fuerte.

Llevo las cicatrices de tu amor por bandera en esta coraza mía que tanto me protegió de ti, del mundo e incluso de mí.

Son la historia que viví, que sufrí, para dejarte atrás, para no perderme. Caminé por el filo de las dudas, casi al borde de la locura, pero salí de todo aquello mucho más fuerte.

Y, aunque no me guste pensar en ti en pasado porque siempre creí que estarías en todos mis futuros, ahora sé que el mañana y mi felicidad solamente dependen de una persona: yo mismo.

Los viejos tiempos

Parece que fue ayer cuando todavía me llevabas de la mano por un mundo de colores que tú misma me ibas pintando. Borrabas mis grises de un plumazo y le dabas a mi vida la alegría que antes le faltaba.

**Nunca creí en el amor
tanto como cuando estuve contigo.**

Dejé de lado todos mis prejuicios y vergüenzas, todas mis dudas. Me entregué como nunca lo había hecho y quizá por eso dolió tanto, pero no me arrepiento.

Después de todo, vivirte ha sido una de las mejores cosas que me han sucedido. Ahora, aunque no me gusta pensar en ti como algo del pasado, esa es nuestra realidad. Me acuerdo de los viejos tiempos, cuando tus labios tenían el poder de sanar todas mis heridas. Un beso aquí, una caricia allá…, y todo mi mundo se ponía patas arriba. Así de sencillo, así de complicado.

Creo que lo que vivimos juntos es digno de película: el amor, la historia bonita, el drama… incluso el daño que nos hicimos. Un guion de esos que podrían incluso interpretarse en blanco y negro, igual que mi vida antes de ti.

Aun me cuesta no darte las gracias. Obviamente, no por los sueños rotos o los futuros que nos quedaron por vivir, sino por enseñarme que el amor es mucho más que dos que se quieren y están juntos. Hay normas, reglas no escritas que mantienen viva la llama y que nosotros nos olvidamos de cumplir, supongo.

**Los viejos tiempos contigo forman parte
de mis sueños futuros.**

Ojalá la vida cruce mi camino con el de alguien que sepa darme todo lo que tú me diste… y un poco más. No vaya a terminar igual. Ya reviví ese adiós más veces de las que me gustaría reconocer, tanto a mí como a mi corazón.

Gracias por quererme

Sé que no fui fácil, por eso te pido perdón y te doy las gracias. Perdón por los daños, por las heridas, por hacerte sufrir de vez en cuando. Sé que no te lo merecías, pero soy así. Tropiezo demasiadas veces con las mismas piedras, como si creyera que algún día serán ellas las que se quiten de mi paso. Y siempre pierdo.

Lo siento por cada vez que te hice llorar. Qué horrible sensación es saberte el motivo de las lágrimas de cualquier persona, más aún cuando la amas tanto que darías lo que fuera por hacerla feliz. Pero no lo consigues, no sabes cómo. Quizá visto desde lejos parezca obvio: tu sitio no era ahí.

Sin embargo, no es fácil dejar de luchar, dejar de amar, dejar de darlo todo para que algo funcione.

No es sencillo amar a alguien
que no está hecho para ti.

Lo mejor sería dejar ir, soltar la mano que te tiende una y otra vez para no hacer más daño del ya sufrido. Pero cuesta mucho, porque amas y el amor es del todo incontrolable.

Aun así, ahora que no estás, puedo decir al fin que lo siento por tanto mal. Nunca quise doler así, tú lo sabes. Por eso te doy también las gracias, porque sabías que el daño que nos hacíamos no era consciente. Simplemente… amarnos dolía. Qué ironía, ¿verdad?

Gracias por darlo todo hasta el final. Sé que no fue fácil decir adiós, pero hoy entiendo tus motivos.

No era vida aquello, ni era amor.

No supimos decir adiós a tiempo y por eso todo terminó de esa manera. Gracias por todo lo bueno, que también lo hubo. La mayor parte del tiempo fuimos felices.

En fin…, ya no sé ni a dónde quiero llegar esta vez. Supongo que lo que dije al principio: lo lamento todo y gracias por quererme.

Las últimas líneas

Puede que un día decidas volver a buscarme al lugar en el que solía esperarte. Que pienses que seguiré allí mirando las estrellas, gastando deseos en ti mientras la vida pasa y solo puedo pensar en que vuelvas.

Puede que creas que mi vida sin ti es peor y que por eso seguiré anclado a ti eternamente, al recuerdo de un pasado que solo engaña. Ni yo fui tan feliz, ni tú tan buena. Ahora lo veo. El tiempo y la soledad suelen ser buenos compañeros para pensar, para dar respuestas a tantas preguntas que dejamos atrás.

El día que decidiste decir adiós fue, posiblemente, uno de los más duros de mi vida.

Y sí que te esperé, no te voy a engañar. Esperé mucho más de lo que me gustaría admitir y, aunque me arrepiento del tiempo perdido, sé que cada minuto de olvido mereció la pena.

Fueron las armas para superarte, para aceptar la herida y abandonar, al fin, aquel lugar en el que fuimos felices una vez.

Por ello te escribo todo esto, para que lo leas el día en que vuelvas a buscarme, si es que alguna vez lo haces. Ya no estoy allí, ni en ninguna parte: no para ti. Se nos acabó el amor y no merece la pena volver a sufrir por un pasado que ambos ya hemos conseguido superar. Te aseguro que para mí no ha sido nada fácil y no pienso volver a pasar por todo aquello.

No dejemos que las cicatrices se abran de nuevo. Fue bonito, al menos una gran parte, y de eso no me arrepiento, pero ya está. Estas serán las últimas líneas que te escriba y, espero, entiendas que nada hay para ti allí dónde un día decidiste decir adiós.

Un mes sin ti:

Volví a hablarle al amor de ti
y no quiso escucharme.

Amor propio

Día 1 conmigo:

Necesité de toda aquella oscuridad
para encontrar mi propia luz.

Conmigo es suficiente

Ya me cansé de seguir llorando por ti. Ni una lágrima más caerá de estos ojos cansados de llover sobre mojado. Aunque duelas, aunque sigas haciendo daño, no permitiré que mi vida siga temblando también por ti. Ya no más. He llegado al límite de lo que te podía perdonar.

Ahora, vete. Vete y no vuelvas a llamar a mi puerta. Maldito el día en que te dejé entrar y maldito el momento en que no fui capaz de ver que de los errores jamás nacía algo bueno. Viste que algo dolía y, en lugar de aprender de ello, lo ignoraste para seguir en tu mundo, sin importar lo más mínimo cómo me hacías sentir.

Y ahora digo: «basta». Créeme que este adiós es definitivo. Has agotado mi paciencia y mi cariño, no hay amor alguno que pueda soportar el dolor de todas las heridas que has ido dejando a tu paso.

Ahora me toca volver a ser feliz, sin ti.

Volver a encontrarme entre los escombros de todo lo que has destruido. Y, te juro, lo conseguiré. Volveré más fuerte, sin miedo a amar de nuevo. No te mereces que limite mi vida por ninguna de tus heridas. Sé que hay alguien que me querrá sin dolor en alguna parte y prometo darle lo mismo que te di a ti, o incluso más.

Hasta entonces, conmigo es suficiente. Me tengo a mí para quererme todo lo que no has sabido quererme tú.

Adiós.

Ya me quiero yo

Ya me cansé de querer más a otros que a mí mismo, de seguir sufriendo por idiotas que no saben valorar lo mucho que valgo. Se acabó el regalarle mi corazón a cualquiera, ya lo cuido yo a partir de ahora, no vaya a ser que lo vuelvan a romper por pisar sin querer fuera del camino. No digo que no me guste improvisar o arriesgar, sino que incluso para eso hay que tener cuidado de no hacer daño a quien amas.

Por eso, ya me quiero yo
todo lo que no han sabido quererme otros.

Ya me daré yo todo el amor que esperé que otros me regalaran, que no supieron conservar el que les di por dejarlo caer de sus manos temblorosas. Si me vas a amar, que no te tiemble nada, agárrame con ganas que no muerdo más de lo que quiero y jamás te haría el daño que otros amores me hicieron. Ya pasé por todo eso y de los pedazos en que me partieron rehíce una mejor versión de mí.

Una más madura, más adulta, que no sufre ya por cualquiera y que elije siempre el amor propio antes que dejar de ser feliz por quien no lo merece. Que no digo que no me vuelva a enamorar o que no crea más en el amor, qué va, todo lo contrario. Sigo creyendo igual que lo he hecho siempre, pero desde ahora me querré primero a mí antes que intentar que me quieran otros.

Así, conmigo bien completo, seré capaz de amar sin depender de nadie y también de alejar de mí a toda aquella persona que no pretenda amarme como de verdad merezco. Ya sufrí más de lo que debería en una vida y me he cansado de regalarle mi corazón a cualquiera para que lo guarde hasta que se canse y luego lo deje tirado en cualquier cuneta.

Ya me quiero yo, no te preocupes.

Ya me quiero yo todo lo que no han sabido quererme y siempre un poco más, que buena falta me hace para curar las heridas que me fueron dejando los amores de paso que nunca se quedaron el tiempo suficiente para sanar todo el daño que llegaron a hacer.

No tengas miedo de vivir

Hay vida más allá de cualquier adiós. De hecho, cuando dicen que el amor es ciego, creo que deberían referirse precisamente a esto. Nos resulta casi imposible pensar más allá de la persona que amamos; por eso, cuando se van, duele tanto. Nos perdemos en nuestra propia vida por haberles dado demasiado poder sobre nosotros y, cuando faltan, todo se viene abajo.

Y no debería ser así.

La vida es un camino maravilloso lleno de baches y escombros; con algunos, tropezamos; otros, los saltamos gracias a la experiencia de todos nuestros pasados. No hay que tenerle miedo al cambio, mucho menos al vacío que deja un corazón roto. Llénalo de ti, de futuro, de nuevas metas que cruzar en tu propia compañía.

Somos gigantes acobardados que se empequeñecen ante el desamor. Nos ciega la ilusión de estar enamorados y tenemos miedo a dejar de compartir camino a su lado. Ya ves qué idiotez.

Sé lo difícil que resulta quitarse los miedos de los ojos cuando miras al frente y te ves solo, he pasado por eso, igual que todos, pero no hay nada malo en la soledad de tu propia compañía, en no tener una pareja que comparta tus días. Nadie lleva una carga tan grande a las espaldas como para necesitar así de otra persona.

No tengas miedo de vivir
contigo mismo tus futuros.

Si llega alguien nuevo, estupendo; igual que si la persona que tenías a tu lado decidió irse. Somos caminantes de pasos inseguros que a veces compartimos trechos con otros corazones, pero que nunca deberíamos llegar a depender de ellos.

No confundas el amor con eso.

No permitas que un adiós condicione tus ganas de vivir.

No temas, todos hemos pasado por eso y, te lo prometo, el futuro te espera a la vuelta de esa esquina en la que te anclas a un amor que ya se ha ido.

Aunque pidas perdón

Ya no somos los mismos de antes. Hemos pasado por muchas cosas juntos y es muy diferente el daño que haces ahora al que podrías haber hecho al principio. No se puede comparar la herida que te provoca un desconocido con aquella que te causa alguien que jamás pensaste que te fallaría.

**Por eso, aunque ahora pidas perdón,
no es fácil seguir como si nada.**

Has dolido más que nadie nunca, tan dentro que todos mis cimientos aún tiemblan. Tus disculpas no son más que palabras que no alcanzan a sanar nada, un breve remiendo mal hecho que pretende frenar una hemorragia.

No digo que no te perdone, o que no vaya a estar bien de nuevo, solo digo que no esperes milagros cuando has hecho tanto daño a alguien que lo habría dado todo por ti.

Ojalá lo entiendas tanto como yo soy capaz de entender tu frustración, pero necesito tiempo para curar todo el daño y, más aún, necesito entender cómo volver a confiar en ti. Siento que eso va a ser lo más difícil. De hecho, no creo que recuperes nunca la confianza que te tenía antes de todo esto.

Aunque pidas perdón, nada cambia, mucho menos borra lo que sucedió, aquello sigue ahí y pesará en la memoria por largo tiempo. Es el precio que tienes que pagar. Yo no busqué esto, fueron tus actos los que rompieron aquel presente y enturbiaron el futuro.

Ahora todo es incierto; no sé cuándo volveremos a estar bien, si es que alguna vez lo estamos. Te acabaré perdonando, seguro, la vida es demasiado corta para vivirla enfadado; pero olvidar, imposible. Y no sé si podremos soportar el peso de esos recuerdos.

El tiempo dirá, supongo, y ya veremos cómo termina todo esto.

Orgullo

Supongo que nadie te prepara para una despedida de alguien tan importante que nunca imaginaste que llegaría a faltar en tu vida. Nadie me dijo que estar sin ti iba a ser tan difícil. Aunque siento que ya no te amo, que me he quitado por completo la venda de los ojos y ahora veo tu realidad, sigue quedando un vacío en el lugar que ocupabas en mi vida.

Lo intento llenar de mí, me estoy conociendo cada día un poco más. El espejo ya no me grita los mismos complejos que veías, supongo que aquello era una piedra más en el camino de lo nuestro, una de esas que te iban hundiendo, ahogando, sin yo saberlo.

Pero bueno, lo importante ahora ya no eres tú.

Se acabó llorar por alguien que no merecía estar.

Ahora soy cada día un poco más feliz conmigo mismo. Por eso lucho, y la gente que me rodea lo nota, siento sus son-

risas a mi espalda cuando creen que no me doy cuenta.
Siento su alegría por verme feliz, sus miradas cuando me
encuentran y dicen: «Ey, parece que vuelve a ser él mismo
otra vez».

Y siento un pinchazo de orgullo en el pecho cada vez
que los veo así, felices por mí. Saben que este proceso es
mío, que no hay nada que puedan hacer para ayudarme a
salir del pozo. No es lo que yo quiero, todo lo contrario:
quiero salir por mis propios medios para sanar todas las
heridas que me dejaste. Y lo conseguiré, lo juro.

**Cada día que pasa estoy un poco más lejos de ti
y, más importante aún, más cerca de mí.**

102

Los rotos del pasado

No te cortes con los besos rotos de un pasado que nunca supo cómo hacerte feliz. Los recuerdos engañan y nos hacen ver el ayer con un velo de mentira que suaviza la realidad que vivimos entonces.

Y cortan. Los pedazos rotos que olvidaste en el suelo de aquella historia cortan cuando quieres colarte de puntillas intentando engañarte a ti mismo; son casi un mecanismo de defensa de tu propio corazón, herido en aquella batalla, que trató de asegurarse de que nunca cometieras de nuevo el mismo error.

A veces no es malo que te rompan en mil pedazos si aprovechas para dejar lejos de ti todo lo que no se merece formar parte de tu vida. El peso muerto que te ancla a un adiós nunca pronunciado y que, cuando al fin te liberas de él, te sientes libre de ataduras a una historia tan cruel como engañosa.

Tenemos la mala costumbre de resaltar siempre lo bueno, como si nuestra cabeza eligiera pensar en los momentos felices para hacer más llevadero el camino. Y no es verdad. Hay que recordar también lo malo para no volver a cometer los mismos errores que ya dolieron un día.

Así, gracias a todos los rotos que dejaste atrás, cuando intentes volver de forma inconsciente, el pequeño dolor de la nueva herida no será nada, comparado con el que podrías llegar a sentir si te acercas demasiado a un pasado que nunca debería ser presente de nuevo.

Así que no lo permitas.

**No vuelvas al lugar del que saliste
para encontrar tu felicidad.**

Estoy... estaré bien

Me gustaría poder decir que ya estoy bien, que no te pienso cada día deseando que vuelvas, que tu melena morena no se confunde con la de cada mujer que se cruza conmigo en la calle de todo lo que vivimos juntos. Decir: «Se acabó, ya no te pienso más, ya no te echo de menos».

Pero no es así de fácil.

Dejaste una huella imborrable en mi corazón y no se deja de amar de la noche a la mañana. No cuando todo lo que vivimos juntos fue tan real que incluso la gente murmuraba al vernos pasar. Se notaba el amor en cada paso firme que dábamos en una historia sin final. O eso pensaba yo. El final nos alcanzó igual que un tornado, dejando mi corazón en tantos pedazos que aún hoy sigo juntándolos.

Pero estaré bien.
Sin ti.

El tiempo lo pone todo en su lugar. Las heridas sanan a su ritmo y yo con ellas. He aprendido a ver nuestra realidad desde otra perspectiva. Ahora entiendo que el final estaba escrito desde el principio, pero que de tanto amor nos cegamos y no supimos verlo. Por eso dolió tanto, supongo.

Ahora lucho cada día por estar un poquito mejor que ayer. Paso a paso, me alejo de nosotros y me acerco a mí. Ya sé, ya era hora. Me perdí en ti y no supe volver a encontrarme.

**Fui más tuyo que mío, y eso es algo
que jamás me perdonaré.**

Está bien amar y darlo todo, pero nunca puedes dejar que la corriente de un amor se lleve lo que eres. Luego, créeme, te costará mucho más de lo que imaginas volver a juntar todas tus piezas. Pero se puede, te lo prometo.

Tengo claro que, aunque aún no estoy bien del todo, lo estaré.

Atrévete a decir adiós

Habitamos las heridas a pesar de saber que nuestro hogar está con quien nos hace reír, nunca llorar. Tratamos de avanzar sin soltar nunca el ancla que nos mantiene en el fondo de eso que queremos evitar. Y duele, mucho más de lo que nunca imaginaste. Quién te iba a decir que una herida podría llegar alguna vez a doler así…

Idiotas.

Eso somos muchas veces. Idiotas que se creen las mentiras, que siguen luchando por mantener algo muerto hace cientos de intentos. Que se estrellan una y otra vez con la realidad de una pareja que ya no debería seguir siéndolo.

Somos incapaces de dejar atrás aquellos lugares donde una vez fuimos felices, aunque ahora duelan. Hacemos hogar de un par de lágrimas constantes y nos quedamos a vivir allí, en lugar de dejar ir y luchar por ser felices sin arrastrar el peso muerto de una relación condenada.

Basta ya.

Deja de luchar por quien no se merece tu esfuerzo, mucho menos robarte así la felicidad. Deja en el pasado todo lo que afecte a tu presente. Avanza de una vez por todas y di adiós, que también es de valientes. Habita un corazón que te merezca, nunca las ruinas de una historia que ya no hay forma alguna de que se salve.

El amor se acaba y no pasa nada.

El problema llega cuando nos aferramos a un clavo ardiendo con tal de seguir a su lado. Ahí es cuando nos volvemos del todo idiotas. La vida es demasiado corta como para malgastar un solo segundo en no ser feliz, en no disfrutar plenamente del amor.

Dile adiós si sientes que ahí ya no es tu lugar. No tengas miedo al cambio, a la soledad. Te tienes a ti mismo para seguir avanzando por una vida que, te lo prometo, está esperando a que te atrevas a disfrutarla como de verdad te mereces de una vez por todas.

Día 5 conmigo:

Ahora entiendo que perderte,
en realidad,
fue ganar una batalla.

Sinceridad

Supongo que ya he mentido suficiente. Se me agotó el cupo de mentiras y personas heridas por no saber hacer las cosas mejor. He llegado a un punto en el que prefiero ir con la verdad por delante, aunque me partan luego la vida, a seguir callando lo que siento. Al final, siendo sincero, podrás vivir siempre a gusto contigo mismo. El que se lo quiera tomar a mal, es problema suyo.

Valoro demasiado mi felicidad como para perder el tiempo y las ganas con quien no lo merezca. Y así lo digo: «no quiero seguir aquí, contigo, porque no sabes hacerme feliz». Y se enfadan, claro. Porque tu verdad no tiene por qué encajar con la suya, sobre todo si según tú toda la culpa es del otro. No lo sé, será que me estoy haciendo mayor y no me gustan las verdades a medias, mucho menos las mentiras.

Me he cansado de tratar de hacerles a los demás mis verdades más llevaderas. Digo las cosas tal cual las siento y, si no te gusta, no será culpa mía. Acéptame o no lo hagas, pero no te quejes de mí por ser así.

**He aprendido por las malas que, al final,
una pequeña mentira hace mucho más daño
que una gran verdad.**

Es como arrancar de un tirón una tirita. Duele en el momento, mucho más de lo que pensabas, pero luego el dolor se calma y no te arrepientes de haberlo hecho así.

Es mejor decir lo que sientes, aunque le pueda doler a otra persona, que tratar de hacerle las cosas más sencillas. Nunca sabes qué es lo mejor para ellos, pero sí puedes quedarte con la conciencia tranquila si eres sincero.

Sé sincero, siempre, y lo que no quieras decir, dilo igualmente. Al final, la única persona con la que vas a convivir toda tu vida es contigo mismo. Mejor hacerlo con la conciencia tranquila.

Montaña rusa

No hay nada malo en no ser feliz, sino en quedarte ahí parado. Todos pasamos por diferentes momentos en nuestra vida: unos más altos, otros más bajos. Una montaña rusa que se estrella en los extremos y nos zarandea como le da la gana.

Es imposible ser feliz siempre.

No se pueden retener en el tiempo todos los sentimientos o acciones que te mantengan en un punto del camino. Cuando subes, bajas. Es así. Por eso no es bueno aferrarse al pasado, porque al final la vida avanza y, si te quedas ahí anclado, te pierdes.

No hay nada malo en estar triste, no lo olvides. El dolor es un proceso con el que todos tenemos que lidiar, vívelo y deja que fluya, que no se quede nada dentro, deja que las lágrimas se derramen en el mar de todo eso que duele hasta llenarlo y, solo después, súbete al barco y navega con calma rumbo a ese «estar bien» que todos perseguimos.

La vida es un camino que sigue un orden muy concreto aunque nosotros nos empeñemos en pensar lo contrario, en buscar atajos que nos saquen rápido del pozo. No existen. Todo te volverá a llevar al punto que te toca hasta que por fin lo enfrentes.

Entonces todo encajará como un *puzzle*. Dolerá el tiempo que tenga que doler y, después, podrás seguir subiendo, estarás bien, ya lo verás, y entonces entenderás que la vida que dejas atrás, con sus heridas y alegrías, es la que tienes y te toca decidir si estás dispuesto a aceptarla y ser feliz, o a tratar de cambiar algo que no tiene remedio. Entonces sufrirás, porque estarás intentando escalar un muro infinito que nunca, nadie, ha logrado superar.

Vive como te dé la gana, claro. No soy quién para ordenarte nada, pero te aconsejo que, si ahora no eres feliz, simplemente aguantes el envite y te agarres fuerte, porque la subida a la felicidad te está esperando a la vuelta de la vida, dispuesta a secar todas tus lágrimas de dolor y, tal vez, cambiarlas por algunas de alegría.

Equilibrio

No todo en esta vida es fácil. Al contrario, más bien todo lo que de verdad merece la pena cuesta un mundo conseguirlo. Ser feliz, por ejemplo. No debería ser tan difícil, pero casi siempre nos cuesta, incluso cuando alcanzamos ese estado, dejamos que se nos pierda por cualquier tontería.

Deberíamos aprender a retener en el tiempo las cosas buenas, a no descuidarlas por intentar alcanzar la siguiente meta. Es un trabajo contigo mismo: hay que ser lo suficientemente paciente para enlazar tu pasado con tu presente sin dejar de caminar hacia el futuro. Un equilibrio entre todo lo que haces, entre todo lo que eres.

Quizás, así no perdamos siempre lo que más nos importa por culpa de tropezar con las mismas piedras una y otra vez. Aprende a caminar fuera del camino, rodeando los obstáculos que te impidan ir en línea recta. Sáltalos, incluso.

Haz lo que sea necesario para ser feliz.

Pero, sobre todo, no pierdas el equilibro. Aunque tropieces y te caigas, aunque pierdas la definición de lo que tú creías que significaba estar equilibrado, no tiene nada que ver con no caerse, sino con ser capaz de aceptar el fallo y vivir con ello. Aceptarte a ti y todos tus defectos para avanzar de nuevo.

Agarra de la mano a todos tus yo pasados mientras conoces a los que están por llegar. La vida es un camino efímero contigo mismo, tan lento como fugaz. Puedes disfrutar de cada segundo si te lo propones, vivir en plena libertad con tus colores, con tus luces y tus sombras, con todo lo que eres.

Busca el equilibrio en ti, no en los demás. Nadie podrá sujetar la cuerda que te mantiene a flote, solo tú, y si la sueltas, te ahogarás bajo el peso de lo que no quieres aceptar de ti mismo.

Vive tu vida como te dé la gana, pero vive.

Sin dejar nunca de caminar.

Miedo al fracaso

Tengo miedo de fracasar, supongo. Todos lo tenemos en algún momento, caminamos por sendas oscuras buscando una luz que nos ayude a encontrar la salida de tantos miedos, pero no siempre es fácil, mucho menos instantáneo. Nos cuesta esfuerzo, dolor y sacrificio salir del pozo en que nos hemos ido metiendo sin darnos cuenta.

Pero todo se supera, tranquilo. Al final, siempre lo digo, levantarse es la respuesta, por muy abajo que hayas caído. El fracaso forma parte de la vida, aunque nos cuesta admitirlo, a nadie le gusta tener que dar pasos atrás cuando nos ha costado media vida ganar todo ese terreno, pero a veces hay que hacerlo.

No puedes seguir chocando una y otra vez contra el mismo muro y no aprender. Desanda el camino hasta el punto en que puedas tomar otra dirección que no te consuma las fuerzas, mucho menos las ganas de ser feliz.

Ten claras tus metas, siempre, y recuerda que también se pueden cruzar siguiendo diferentes caminos. Por desgracia, solemos olvidarnos de esto, y nos empeñamos en seguir luchando contra nosotros mismos.

Por eso duele tanto.

Por eso da tanto miedo.

Porque el fracaso implica encontrar tus límites y no ser capaz de empujarlos. No hay nada malo en ello, pero es la causa de que perdamos siempre, por no ser capaces de entender que tenemos límites y que no hay nada de malo en eso. Cuando llegas a ellos, luchas. A veces ganas y los empujas; otras, fracasas y te toca volver atrás.

¿Y qué?

Qué importa cuando ya has ganado, ¿no lo ves? Lo has dado todo y ahí está la mayor de las victorias. Entregarte siempre, por mucho miedo que te pueda dar, es el primer paso de la felicidad. No habrá reproches si tu cuerpo o tu mente dijo «basta», porque hasta ahí llegaste con todos tus esfuerzos.

Tengo miedo a fracasar, sí, pero más miedo me da aún dejar de luchar por ser feliz, por cruzar mis metas y cumplir mis sueños.

**No hay derrota, ni fracaso, que te defina,
sino tus ganas de volver a levantarte
siempre de nuevo.**

Ojalá te hubiera dicho todo en vida

Te fuiste cuando jamás pensé que lo harías. De hecho, nunca pensé que la vida se te podría escapar así, sin darte cuenta siquiera de que ya no estás. Me queman en los dedos las caricias que no pude darte; en los labios me pesan los besos que te negué y… mejor ni hablemos del nudo que tengo en la garganta con todo lo que no debí callar.

Ahora ya es demasiado tarde.

Supongo que no hace falta que te diga lo mucho que te quise…, que te quiero. Chocamos demasiado en vida y solo espero que hayas encontrado las respuestas que buscabas en tu cielo, ese que un día pintamos de estrellas porque las tormentas no nos dejaban verlas y tu abrazo me protegía de todos los males.

Luego crecí, supongo.

Y nos fuimos perdiendo poco a poco.

Claro que seguíamos ahí, pero hacía mucho que nuestra relación era distinta. Duele pensar que la culpa es mía, aunque en realidad no lo sea. Después de todo, dos no se pierden si uno no quiere, y ninguno de los dos nos esforzamos como debíamos por no dejar de ser los que fuimos un día.

Tarde.
Siempre me arrepiento de las cosas tarde.

Ojalá lo supieras, ojalá lo tuvieras tan claro como yo lo tengo ahora. Supongo que esto es una lección más aprendida: nunca dejar nada sin demostrar a las personas que realmente quieres, a esas que siempre formarán parte de tu vida.

Querido Yo... del año que viene

A veces cometemos el error de pensar demasiado a largo plazo. Tal vez, con fijar la vista unos meses hacia delante sea suficiente, por eso he vuelto a sentarme aquí para hablar contigo. Sé que te enfrento muy de vez en cuando, pero en esta ocasión todo es mucho más serio.

Me pregunto si ya te has mudado, si has conseguido ganar lo suficiente para no depender de nadie y, más aún, si ya has dejado de llorar por ella, si ya no te duele verla en otros brazos, si no se te clavan las dagas de su nombre cada vez que sale de tus labios. Espero que sí, no me imagino lo que sería que me siguiera doliendo dentro de tanto.

Dime que ya has vuelto al gimnasio, o que al menos has conseguido salir de tus rutinas, que te preocupas un poco más por la salud y que, a pesar de todo, sigues siendo igual de feliz.

No me gustaría saber que te has vuelto a perder por el camino. No más depresiones, por favor, ya pasamos por una demasiado intensa como para volver a encerrarnos en la cueva. ¡Ah! Y ya que estamos en ello…, ¿cómo va esa ansiedad? Supongo que ahí sigue, fiel compañera de nuestros insomnios, pesando en el pecho tanto como una tonelada de ladrillos mal apilados que a veces no nos dejan ni respirar.

**Ojalá sigas soñando a lo grande,
sin miedo a la caída.**

Ojalá hayas cumplido un par de esos sueños que ya tenemos al alcance de los dedos y que se resisten todavía a dejarse atrapar. Las metas no se miden en distancia, sino en el esfuerzo que supone llegar a cruzarlas. Y somos expertos en perdernos en el camino de todo los que dejamos sin terminar. Aun así, llevamos una buena racha y espero que no me defraudes con todo lo que está por llegar.

No sé qué más decirte. Está bien mirar dentro de vez en cuando, aunque asuste, aunque al abrir las puertas puedan salirse un par de miedos y nos cueste volver a encerrarlos en el armario de las cosas que creíamos que ya habíamos superado.

En fin, te dejo que sigas con tus cosas, no vemos dentro de un año.

La felicidad de las pequeñas cosas

A veces, la felicidad está mucho más cerca de lo que imaginamos: en un libro, en una canción, en un instante que atrapamos en el tiempo y tratamos de retener tanto como nos sea posible.

La felicidad es esquiva, nos cuesta encontrarla a la mitad de una vida que nos golpea mucho más fuerte de lo que jamás esperamos. Nos tira al suelo, nos eleva al cielo, hace con nosotros lo que quiere y luego nos deja ahí, solos, para que intentemos encontrar de nuevo el camino hasta ella.

Y lo hacemos, siempre, porque nadie ha nacido para dejar que lo pisen, mucho menos la vida y sus caprichos. Nos levantamos, nos sacudimos el polvo y seguimos caminando. Es así y así será siempre.

Por eso valoramos tanto los instantes de felicidad que nos regalamos o incluso aquellos que nos regalan otros: abrazamos un libro, un amor, una canción, una película…

Abrazamos todo lo que nos ayuda a sonreír.

Y así es como debe ser: sonreír por las pequeñas cosas para que, cuando lleguen las cosas grandes, se disfruten más todavía y no eclipsen nunca lo bonito que tiene todo lo pequeño.

La felicidad de las cosas pequeñas es lo que nos mueve en el día a día, lo que nos empuja a seguir persiguiendo nuestros sueños: es la fuerza de los músculos, del corazón, el combustible para volver a levantarnos después de cada caída.

Miedo a vivir

Tenemos miedo a la soledad, a no triunfar, a perder el trabajo, a perder a una persona, a la familia, a volar, a callar lo que sentimos, a decirlo en voz alta, a soñar, a despertar y volver a nuestra realidad, al desamor, al dolor, a un adiós, a gritar, a sonreír, a caminar lejos del sendero que sigue la mayoría, a destacar, a ser felices.

Miedos que llenan tus ojos de lágrimas de impotencia y consumen tus ganas de luchar. Miedos que sangran de las heridas abiertas que no cierras nunca por no atreverte a pasar de página. Pones comas donde van puntos finales, saltos de línea por no querer saltar al vacío de una nueva historia, de una nueva vida.

Nos pesan los años y se cargan de daños que nos hacemos al pasar demasiado deprisa, o demasiado despacio, por nuestras vidas. Chocamos contra muros que nosotros mismos levantamos y callamos cuando otros nos dicen que lo hagamos. Dormimos de noche, vivimos de día, seguimos las reglas preestablecidas y nunca levantamos la cabeza lo suficiente como para salir de todo esto. Aunque las ganas de hacerlo sean más fuertes, nos atamos las manos a la espalda antes de quitar la tierra de esta tumba de miedos en que nos enterramos nosotros mismos en vida.

Tenemos miedo a que nos rompan el corazón, a enamorarnos, a estar solos, a estar acompañados, a cantar a pesar de encantarnos, a estudiar algo que nos guste de verdad, a no conseguir un buen trabajo. Miedo a que duela, a no sentir, a vivir de más, a soñar de menos, a mojarnos cuando llueve, a querernos, a aceptarnos, a subir hasta la cima porque está demasiado alta y tememos caernos.

Tenemos miedo a vivir.

Y así nos va, con más miedos en la cabeza de los que jamás podríamos llegar a sufrir.

O sí, qué más da.

El problema no son los miedos, sino dejar que controlen tu vida.

Y qué ironía que eso no sea lo que más miedo nos dé en verdad.

¿Dónde te ves dentro de diez años?

A veces me hago esta pregunta y del vértigo que experimento me entra incluso ansiedad. Tengo un futuro tan incierto que mi respuesta sería la misma para diez que para dos años. Una incertidumbre que ni yo mismo sé despejar. Supongo que estaré intentando ser feliz, como siempre hago, tomando una decisión equivocada tras otra hasta dar con la acertada, y a veces ni eso.

Espero haber aprendido de mis errores y no haber cambiado en casi nada. Me gusta la persona que soy ahora, con sus defectos y virtudes, pero con mis sueños por bandera y muchas ganas de superarme. Quizás entonces ya lo haya conseguido, tal vez no. De hecho…, espero que no, a medias.

Me explico: espero haber cumplido ya todos los sueños que tengo ahora, haber superado todas mis metas y barreras y que ya no quede nada por cumplir de todo esto que ahora quiero, pero, al mismo tiempo, espero tener un millón de metas nuevas, sueños nuevos, objetivos que cumplir más allá de todo esto.

La vida pasa volando y
no te puedes quedar parado.

Espero haber encontrado al fin un amor verdadero, que me complemente y no me deje nunca atrás, que me acompañe el resto del camino y, si no, que no moleste al menos. Me seguirán doliendo, de eso estoy seguro, nunca aprendo cuando de amar se trata, siempre lo doy todo por personas que no se merecen nada y, cómo no, luego me sorprendo.

Espero seguir viviendo intensamente el presente y el futuro, igual que ahora lo hago. Que cada día sea una aventura más que sumar a un pasado que, cuando se lo cuente a alguien, incluso le cueste creerlo. No quiero cambiar tanto como para no reconocerme, pero sí lo justo para sentir que he avanzado; que mis arrugas cuenten mil batallas y mi sonrisa esconda una felicidad que al fin se asiente en mi vida.

Me gustaría que, al mirar atrás igual que ahora miro al frente, estos diez años se definan con una sola palabra: felicidad. Más allá de amores, de sueños rotos o cumplidos, de nuevas personas y un par o más de traiciones, espero sentir que la suma de todos mis días tenga una tendencia positiva. Ya me han dolido suficiente como para seguir en esa línea.

Así que… ¿dónde me veré dentro de diez años? Ni lo sé, ni quiero saberlo. Me basta con tener la certeza de que seré feliz.

Día 10 conmigo:

Algún día entenderás
que tú mismo
eres lo mejor que te ha pasado.

Lágrimas de complejos

Hoy me he mirado en el espejo y he llorado lágrimas llenas de complejos. Así me deshice de todos ellos, humedecí lo que no me gustaba de mí y lo dejé salir por unos ojos ya cansados de llorar por lo que piensen otros.

Es mi vida, no la suya. Soy yo quien decide cómo vivirla y, más aún, es a mí al único que debo gustar.

Me perdí por tanto querer gustarle a otros.

Me olvidé de mí entre lo que estaba mal, contando de diez en diez los horrores que me gritaba un espejo harto de verme siempre de la misma manera.

Igual de «feo», igual de «gordo», igual de… estúpido, por dejar que todas esas tonterías hayan entrado en mi cabeza durante tanto tiempo.

Ya es hora de romper con todos esos complejos, no son míos, son de aquellos que prefieren juzgar a los demás antes de mirarse a ellos mismos por dentro. Son de todos los que señalan con el dedo, los que se ríen a mis espaldas y me miran raro.

Son suyos, no míos.

Ya me he cansado de seguir llorando por todo eso, de seguir perdiendo el tiempo queriendo gustarle al mundo cuando es el mundo el que debería gustarme a mí.

Por eso lloro hoy, una última vez.

Las últimas lágrimas, bien cargadas, para que no quede nada dentro de lo que otros han ido metiendo.

Ya lo saco yo, que ahora me toca volver a conocerme de nuevo y ser feliz de una vez por todas con la persona que soy.

Sí, te quiero

Que sí, que ya me he cansado de esconderlo. Ya no habrá más miedos, más silencios, más miradas a un espejo que solo me devuelva defectos. He decidido que te quiero, que te acepto, que no hay nada tan malo en ti como para no hacerlo; que lo que digan otros nos da igual, que la vida es demasiado corta como para seguir dudando entre quererte y ser feliz o no aceptarte y seguir sufriendo.

Te quiero más de lo que jamás debería querer a nadie. Así he cambiado: de ser una duda constante a dejar aparcados los miedos y abrazarte sin complejos. Amo tu sonrisa ladeada, tus lunares estrellados y esas ojeras que demuestran que los sueños también pesan. Amo ser tú, con todo lo que ello conlleva.

Te quiero aunque antes no lo hiciera,
pero prometo no dejar de hacerlo.

Por primera vez siento que hay un «para siempre» que no tiembla, que se puede cumplir sin ningún problema. ¿Por qué dejar de quererte cuando por fin he descubierto lo que se siente cuando te aceptas?

Y qué bonito es sonreír contigo. No importa lo mucho que se puedan reír otros, que señalen con sus dedos acusadores sus propios complejos. Que miren, que hablen, que rían, que escuchen…, que tiemblen cuando vean que ya no duelen porque se dan cuenta de que todo resbala en el filo de este amor propio que antes me hacía tanta falta.

Sí, te quiero.

Sin dudas ni miedos, sin venda en los ojos que me oculte los defectos, los acepto, los abrazo, los quiero. Y me quiero a mí en el proceso. Soy mejor de lo que pensaba, solo necesité mirar de verdad para «verlo».

Lejos de mí

Hace tiempo que me perdí. No sé si fue más culpa mía o de la herida, pero me está costando un mundo volver a encontrarme. Resulta doloroso pensar en todo lo que dejamos atrás por otras personas, a veces, incluso, a nosotros mismos. Nos olvidamos por el camino de intentos, de promesas de cambio, y ni siquiera nos damos cuenta de habernos soltado la mano que nos mantenía unidos.

Me siento lejos de mí, a tal punto que el camino de regreso se antoja imposible, aunque no lo sea, porque tengo claro que pienso recorrerlo paso a paso, desandando todo lo que viví sin mí para volver a juntar uno a uno todos los pedazos, lleve el tiempo que lleve. Necesito volver a ser yo mismo, con todos mis defectos y mis miedos, pero completo en un amor que nunca me vuelva a fallar: el propio.

Ya lo descuidé suficiente, ya me toca ser feliz de nuevo conmigo, sin ti, sin nadie más que yo mismo para curarme las heridas que me busqué, tal vez no todas, pero sí la mayoría, pues qué irresponsable fui al enfrentarme a la vida partido en mil pedazos y sin ganas siquiera de salvarme.

Qué será lo que nos hace ser así: tan intensos en amar a otros, tan fríos en amor propio, y nos congelamos ante la ausencia del amor que nos dan los demás porque dependemos tanto de su fuego que, cuando se apaga, cae fría la noche sobre nosotros mientras esperamos que el sol vuelva a brillar mañana.

Y mañana nunca llega.

No mientras te empeñes en buscar en los demás todo ese cariño que te falta. Dátelo tú, quiérete tú.

Ama todo lo que te hace diferente al resto.

Sé feliz contigo mismo

Creo firmemente que en esta vida lo más importante debería ser siempre amarnos a nosotros mismos. No solo porque así seas más feliz, sino porque es la única manera de estar completo, ya después habrá tiempo de amar a otros, pero nunca antes de ser capaz de amar todos y cada uno de tus defectos.

Vivimos en un mundo que tiene fobia a la soledad, buscamos en los demás ese amor y esa compañía que olvidamos podemos darnos nosotros mismos.

**Nadie te amará nunca
de la forma en que tú mismo
puedes llegar a hacerlo.**

Por eso es mucho mejor aceptarse, comprender cómo somos y precisamente por ello, amarnos tanto o más de lo que esperas que te amen otros, solo así estarás completo de verdad, y será entonces cuando podrás darle a otra persona todo el amor que se merece.

Piénsalo, ¿cómo puedes amar bien a otros si no eres capaz de amarte? Lucha todas tus batallas, gana de una vez por todas esa guerra que llevas dentro y mira por fin al futuro con la tranquilidad que te da ser feliz contigo mismo.

Vive sin arrepentirte de nada

No hay secretos en este vida ni atajos que valgan. Cada día es una lucha que perdemos si no le ponemos ganas, avanzamos en silencio algunas veces, dando gritos otras, perseguimos sueños posibles, porque no existen los imposibles cuando de verdad luchas por aquello en lo que crees.

No dejes que la sociedad te consuma las ganas, ellos no quieren verte feliz, solo robarte la energía para intentar sentirse un poco mejor consigo. Se equivocan una y otra vez al buscar fuera de sí lo que deberían darse ellos mismos.

No les escuches, no prestes atención. Si miras al frente seguirás ganando la batalla contra ti y contra el mundo que no entiende. Tú vales mucho más de lo que piensas, solo hace falta que te des cuenta de que el espejo no tiene culpa alguna. Ese que te mira eres tú, tan único que ni siquiera lo ves.

No quieras ser como todos los demás.

Abraza tus dudas, ama la persona que eres, vive tu vida como te dé la gana y, te lo prometo, cuando pase el tiempo y mires atrás, no te arrepentirás de nada.

Así es como tienes que vivir, sin miedo a nada, mucho menos a ti. Deja en el pasado todos esos «quiero y no puedo» y empieza a «poder» antes de saber siquiera qué es lo que quieres. Simplemente, avanza, serán tus pasos los que te saquen de aquí, será tu corazón el que te diga que has llegado.

Cuando sientas que ya no duele, que eres feliz, sabrás que la lucha mereció la pena. Te lo digo yo, que ya he tenido que salir del pozo demasiadas veces como para llevar la cuenta.

Vive, y hazlo sin arrepentirte de nada.

Inquebrantable

Puede que la vida te haya puesto demasiadas piedras en el camino, que a veces sientas que ya no puedes más y las noches se hagan eternas dando vueltas en la cama. Sé que no es fácil, casi nunca lo es en realidad. Vivimos en una cuesta arriba constante que rara vez nos tiende la mano para ayudarnos a subir, pero eso no impide que lo hagas, que sigas avanzando a tu ritmo constante rumbo a un futuro que sabes te hará feliz.

Aunque tropieces, aunque caigas.

Aunque todos se rían de ti.

Tú sabes lo que quieres y por eso sigues adelantando a todo aquel que se gira a mirarte avanzar. Mientras ellos miran, mientras señalan y se ríen, tú sigues subiendo sin parar. Sabes que no necesitas de nadie para ser feliz, que contigo es suficiente y por eso no te molestas en perder ni un segundo de tu vida haciendo caso a todos aquellos que han tenido que frenar para tomar aire al verte pasar.

Tú vales más que todo eso: no importa la de castigos que la vida te eche a la espalda, ni lo oscura que se ponga la noche, sabes que te sobra luz en la mirada, prendida del fuego de tus ganas de ser feliz, como para alumbrar el camino que tienes por delante.

Ya habrá tiempo de mirar atrás cuando llegues a la cima, hasta entonces, seguirás luchando por ser feliz a tu manera, por ganar tus batallas contra el mundo que no te entienda y por no ceder nunca en el esfuerzo. Sabes que no hay «peros» que valgan, que ya has perdido suficiente como para dejarte quebrar por nada, mucho menos por nadie.

Sigue así, todo irá bien.
Eres inquebrantable y no te das ni cuenta.

Día 20 conmigo:

Ámate tanto que,
cuando otros te miren,
sepan exactamente
en qué están fallando ellos.

No es verdad

No es verdad que no puedas, que no te queden fuerzas, que no tengas ganas de seguir luchando. No mientas, no te mientas, que la vida es una lucha y la estabas ganando.

No es verdad que no valgas la pena. Eso te lo han hecho sentir personas que nunca debieron llegar tan dentro de ti como para poder destruir todo lo que tanto tiempo te llevó entender, así que no les hagas caso, tú vales mucho más que ellos.

No es verdad que el amor no te quiera. ¡Claro que lo hace! Es solo que Cupido andaba borracho cuando te lanzó las flechas. Ya acertará, todos cometemos errores, te enamoraste de quien no debías, pero eso también te ha servido para ser más fuerte y saber qué es lo que no quieres en tu vida.

No es verdad que no tengas talento, sino que todavía no has encontrado el camino exacto que te lleve al éxito. Todos tenemos que encontrar ese sendero, unos lo hacen muy rápido, otros más lento, pero al final la vida te pondrá en el camino correcto y entenderás que la lucha mereció la pena porque con tanta piedra que fuiste pisando has construido tus cimientos.

No es verdad que no te quieras.

Deja ya de contar tus errores como lo único reseñable de tu vida. Te empeñas en castigarte cuando tú mismo deberías ser siempre lo primero que acaricias cada día muy adentro. Así, cuanto más amor le des a tu corazón, menos poder tendrán los demás para rompértelo. Quiérete tú, ya luego querrás al resto, pero no te mientas nunca, nadie se deja de querer por muy difícil que se ponga todo.

No es verdad que no te merezcas ser feliz. Todos lo merecemos; por eso, lucha siempre, porque la felicidad se mide en victorias y no puedes ganar si sigues lamiéndote las heridas.

No es verdad… no son verdad ninguna de las mentiras tras las que te justificas. Si no te gusta tu trabajo, cámbialo. Tu pelo, cámbialo. Tus amigos, cámbialos. Tu vida… ¡cámbiala!

Todo merecerá la pena al final si de verdad buscas tu camino y dejas de mentirte día tras día.

Ni conmigo, ni sin mí

Ha sido un largo camino lleno de baches y tropiezos, tan confuso, a veces, que me ha costado horrores volver a encontrarme. Me he dado cuenta de mis errores mientras seguía cometiéndolos, incluso improvisando algunos nuevos.

**La vida es demasiado complicada
y nosotros demasiado necios
por querer simplificarla.**

Queremos cambiarlo todo y salir ilesos del desastre, del amor, de los sueños, de todo lo que vamos viviendo. Nos olvidamos incluso de nosotros en el proceso y, al mismo tiempo, nos aferramos al último aliento que nos queda para no perdernos. Ese extraño «ni conmigo, ni sin mí». Nos sobramos pero, al mismo tiempo, algo dentro nos grita que no soltemos esa última cuerda que nos salva del desastre de perdernos.

Y luchamos.

Luchamos en contracorriente por volver a ser lo que éramos, pero nos cuesta porque seguimos demasiado pendientes del resto. Ser feliz es mucho más sencillo de lo que piensas, solo hay que enfrentarse a los demonios que llevamos dentro, aceptarlos de una vez por todas, y caminar con la cabeza bien alta sin perdernos en el proceso.

Tal vez…, tal vez no sea tan sencillo ni tan fácil, lo sé.

Todos luchamos batallas que nadie entiende, pero que dejan heridas imborrables allí donde nunca pensaste que nadie te podría llegar a doler, mucho menos tú mismo. Por suerte, a veces aprendemos de nuestros errores y llega un día en que nos cansamos de alejarnos, entonces buscamos dentro a esa persona que tan olvidada teníamos. Nos encontramos. Qué ironía tener que encontrarnos a nosotros mismos cuando nunca nos fuimos, solo nos perdimos en mitad de una vida que nos marea mucho más de lo que somos capaces de controlar.

No te compliques

La vida ya es lo suficientemente dura como para que la empeoremos con tantas tonterías. Somos expertos en ponernos la zancadilla, en caernos al suelo sin más ayuda que nuestra propia torpeza.

Nos complicamos la vida de forma innecesaria día sí, día también, y no aprendemos, seguimos tropezando en nuestro afán de ser felices, como si, inconscientemente, no quisiéramos.

Es absurdo.

**Complicamos nosotros solos
todo lo que debería ser sencillo.**

Añadimos ruido a nuestra vida, interferencias que no ayudan en nada y solo nos terminan provocando quebraderos de cabeza.

No me digas que miento, sabes que es verdad. Piensa en todas esas veces que, estando bien, encontraste una excusa para ponerte mal, y ojo, no digo que fuera conscientemente, sino que tu cabeza decidió que ya era suficiente felicidad por el momento y cruzó en tu mente algún problema nuevo al cual enfrentarte.

Y así nos va, con más heridas autoinfligidas que problemas reales. Basta ya, digo yo, de complicarnos la vida con tanta tontería.

Vive, y que sea lo que tenga que ser, pero no le añadas peso muerto a la mochila, que ya pesa ella sola lo suficiente.

La vida es un suspiro

Qué efímera la vida que pasa en un suspiro y no te da tiempo a agarrarla al vuelo antes de que se te escape entre los dedos. Pasamos gran parte de nuestro tiempo estudiando, trabajando o incluso perdiendo horas en eternos debates sobre qué hacer en el futuro. Nos olvidamos del presente de tanto mirar al mañana y, cuando llega, ya es ayer.

No podemos seguir así: la vida es mucho menos de lo que parece, cumplimos años cada vez más rápido y perdemos irremediablemente contra Peter Pan. Resultará que Wendy se terminará marchando, creciendo, viviendo una vida que no espera por nadie.

La eternidad es un concepto demasiado amplio para nosotros, quienes pasamos por ella igual que gotas en una tormenta, caemos, rápido, nos zarandea el viento y, al final, nos estrellamos allí donde todo acaba: en la tierra, en el mañana.

Quizá nunca te has parado a pensar en ello, tal vez te olvidas de vivir de tanto en tanto y prefieres creer que nos sobra el tiempo, pero no es así para nadie. Por eso me pregunto, ¿estás haciendo lo que amas? Cuando pase medio suspiro y mires atrás, hacia todo eso que ya has vivido y no volverá, ¿te arrepentirás de algo?

Yo sí.

Ya me arrepiento de mil momentos, de mil horas perdidas en cosas que no merecían la pena, que no me hacían feliz. Por eso ahora vivo de una forma diferente, mucho más liviana, mucho menos estresada.

No vale la pena perder
ni un solo segundo de nuestra vida
en algo que no nos haga felices.

Lo aprendes con el tiempo y, con suerte, no es demasiado tarde para cambiarlo todo y luchar por ti, por una vez, para dejar de pensar qué hacer y decidirte al fin a cumplir tus sueños.

Vive, por favor, de forma que camines siempre con una sonrisa en el corazón.

Quitarse la coraza

Con el tiempo te pones la coraza y cada vez te la quitas menos, y las personas nuevas que aparecen en tu vida tienen que derribar más barreras para llegar dentro. Y así nos va, aprendiendo antes a evitar el golpe que a arriesgarse, una vez más, a conocer personas maravillosas por culpa de un pasado que solo dejó heridas.

No es fácil, lo sé. Cuando te han dolido tanto que ya no te atreves a confiar como antes lo hacías, todo es más difícil, mides a la gente con otros ojos, poniendo el freno antes que el corazón. No quieres seguir estrellándote contra la realidad de algunas personas, y pasa el tiempo y nada cambia, sigues a la defensiva y rechazas a todo aquel que llega nuevo. O, al menos, no se lo pones fácil.

Pocos son los que aguantan, la verdad, casi todos se van al segundo intento de estar cerca de ti, y sabes que la culpa, en parte, es tuya. Digo en parte porque el pasado está claro que tiene mucho que ver con cómo eres hoy, pero también eres tú quien decide levantar muros tan altos. Quizá no aprendiste la lección correcta del ayer, tal vez ese dolor que llegó un día eclipsó todo lo bueno.

Puede que te hayas equivocado al protegerte tanto.

No digo que esté mal, pero… ¿estás seguro de que eres más feliz ahí encerrado?

No sé, yo diría que ya basta de seguir oculto en la seguridad de tu castillo, que lo deberás derribar tú mismo y así arriesgarte a ver qué pasa. Por mucho que pueda llegar a doler de nuevo, te estás perdiendo cosas increíbles por seguir eligiendo cada día ver la vida pasar desde la comodidad de tu zona segura. Tal vez sea hora de volver a ser feliz, de confiar en todo lo que la vida te tiene reservado.

Y sí, puede que un día alguien te vuelva a romper por dentro, pero, si sigues encerrado, no habrá nadie cerca que te ayude a recomponer, uno a uno, todos los pedazos.

Derriba tus barreras

Llévame contigo a ese lugar en el que vives, en el que te encierras cuando tienes miedo y te escondes tras una manta en las noches de tormenta. Ese refugio dentro de ti del que nadie sabe, porque nunca has confiado en ninguna persona lo suficiente como para dejarla entrar.

Te da miedo el cambio, el daño que puedan hacer en tu mundo y por eso siempre eliges la soledad, sabes que ella nunca te podrá fallar, pero no creo que seas realmente feliz así, entre las paredes que levantaste con los sueños que siempre estuvieron ahí y que hoy te cuesta cumplir. Normal, en vez de vivirlos los usas como escudo para seguir igual, en tu castillo de papel que tiembla cada vez que se acerca una tormenta.

Ojalá seas capaz de bajar tus defensas, por una vez.

Te pierdes la vida detrás de tanta coraza.

Derriba tus propios muros y sal a comerte el mundo de una vez por todas. Ya habrá tiempo de sanar las heridas que te deje la vida, pero nunca hay que vivir queriendo protegerte de cosas que no sabes si van a pasar o no.

Yo prometo estar aquí, como lo he estado siempre, con la mano tendida y dispuesto a darlo todo por seguir viendo en tu rostro esa sonrisa. Prometo guardar en mi abrazo el calor de la manta para que siempre tengas un lugar en el que refugiarte. No me iré a ninguna parte, pero quiero que tú prometas intentarlo. Vivir, digo. Quiero que intentes vivir sin limitarte, dejar salir todo eso que llevas dentro y lanzarte a cumplir todos y cada uno de tus sueños.

Que no se quede nada atrás, solo las paredes vacías que levantaste un día y que, cuando las mires desde lejos, entiendas que nunca más volverás a encerrarte por nada, que la vida puede ser muy dura, a veces, pero todo se supera. Se luchan las batallas y se gana siempre, porque no hay derrota alguna capaz de decidir en tu presente, mucho menos en tu futuro.

Volver a confiar

Es difícil confiar cuando te han fallado en el pasado, cuando te han hecho tanto daño que aún hoy sigues curando las heridas. Son tantos los rotos que todavía sigues remendando, que no te atreves a confiar de nuevo como antes lo hacías. Será que la vida es un juego en el que, hasta ahora, has ido perdiendo, sin darte cuenta siquiera, sin merecerlo. Son otros los que juegan, mejor dicho; son otros los que te rompen y no les importa, los que duelen y se ríen cuando te dejan atrás, recogiendo del suelo los pedazos de ilusión.

No digo que no tengas culpa de nada. En este mundo nuestro todos somos culpables de algo. Si no confías por lo que te haya hecho el pasado, seguramente tengas parte de culpa en todo lo vivido, por dejar que ocurriera, por no ser tú quien rompa el presente de los demás cuando sientes que se están aprovechando, por seguir aguantando a idiotas que no se merecen tu amistad, mucho menos tu amor, por seguir siendo el último eslabón en la cadena.

Pero no el más débil.

La diferencia es grande, no te confundas.

**Eres, posiblemente,
la persona más fuerte que conozcas
y no te das ni cuenta.**

Ser el último de la fila solo significa que quizá no estés en la mejor compañía, que todos merecemos a alguien que nos ponga siempre por delante, sin importar lo cuesta arriba que se vuelva la vida; y tú no eres débil, simplemente has sufrido de más por querer demasiado a quien no se lo merecía. Pero eres más fuerte de lo que piensas, nadie puede pasar por tanto y no endurecerse.

Yo lo llamo protección, y no hay nada malo en no querer volver a sufrir de nuevo. Aun así, pienso que es mejor confiar y que duela, a seguir encerrado en un mundo de soledad en el que alguien te puede fallar... pero tampoco hay nadie cerca con quien compartir vida.

Hace falta mucho valor para abrir las puertas de nuevo cuando decidiste cerrarlas un día, pero nunca está de más tener a alguien cerca. Te pierdes mil historias que compartir, momentos que no volverán si sigues en ese mundo tuyo en el que nunca pasa nada. Es así... estás tan solo que, igual que es imposible que alguien te duela, también es muy difícil que nadie te haga feliz.

Y no hay mayor soledad que la autoimpuesta.

Para bien y para mal. Así que basta ya de cerrar la vida a todos por culpa de unos pocos. Abre de par en par las ventanas de tu alma y no tengas miedo a mostrar tus cicatrices. Confía de nuevo y verás cómo llegará un día en el que mires atrás y no te arrepientas de nada.

Un mes conmigo:

Gracias por la herida,
ahora soy más fuerte.

Amor

Día 1 contigo:

Qué bonita la vida cuando decide
poner a personas increíbles
en nuestro camino.

Alguien que...

Alguien que te haga reír incluso en los días malos. Que le dé la vuelta a la vida cuando esta más apriete y te empuje fuera de todo lo que duele. Que te haga feliz, así sin más. Que te quiera más de lo que nunca imaginaste que alguien podría hacer jamás y no deje lugar a duda alguna.

Alguien que entienda que todos tenemos días mejores y peores, pero que no le importe que seas una montaña rusa de emociones y se lance siempre contigo, sin soltarte de la mano, a vivir todo eso que la vida les ponga por delante, aunque duela, aunque la caída te corte la respiración. Que sea capaz de besarte las dudas y salvar tu corazón de tanto idiota que no supo cuidarlo.

Alguien que te quiera como nunca antes, o igual, pero que lo haga mucho mejor. El amor no se mide en cantidad, sino en el peso de las acciones que demuestren todo eso que dice sentir. Que te abrace cuando más lo necesites y cuando no, también, porque simplemente quiera tenerte entre sus brazos.

Que te demuestre cada día que te quiere de una forma diferente.

O que se repita, da igual, pero que lo demuestre. Ya has sufrido suficiente por idiotas que no saben lo que significa la palabra «amar».

Alguien que nunca dude, que tenga claro que el amor que tú le das será siempre lo más importante para ti. Que no te dejes nada en el tintero por culpa de algún pasado que te haya dolido demasiado como para arriesgar de nuevo. No se merece eso. Ningún amor ganará nunca si lo frenas por culpa de otra historia que nada tiene que ver con tu presente, mucho menos con tu futuro.

Alguien que disfrute haciéndote feliz y dejando que tú entres, allí donde nunca creyó que llegaría nadie por tantas barreras que levantó a lo largo del tiempo. Pero no para ti: había dejado una entrada de emergencia para cuando apareciera ese amor que, por fin, se mereciera cruzar todas sus puertas. Y a ti te ama con todo, sin medidas, dando el máximo que tenga cada uno de sus días.

Ya llegará

Ya llegará alguien capaz de valorar como te mereces todo ese amor que tienes para dar. Alguien a quien solo le importe tu felicidad y no tenga ojos para nadie más. Que sepa dónde quiere estar y ese lugar sea siempre a tu lado.

Ya llegará alguien que entienda que no le perteneces, que estar enamorada no significa que no tengas vida más allá de él. Que sea un refugio en que guardarte cuando la vida más apriete y te dé fuerzas y valor para volver afuera y luchar tus batallas, segura de que no te dejará caer.

Alguien que sume, siempre, y esté completo. Que se ame a sí mismo tanto como te ame a ti, o incluso más. No se puede amar bien a otros si no eres capaz de quererte, si no te aceptas y eres feliz con la persona que eres.

Ya llegará quien prefiera una tarde de pelis y manta, de silencios compartidos o noches abrazando el infinito de tu cadera. Que te ponga siempre por delante y no tenga miedo de gritar a los cuatro vientos que está loco por ti.

Llegará, te lo prometo, y entonces entenderás que toda la espera mereció la pena. Que hasta entonces solo habías vivido simulacros que te estaban preparando para cuando llegara un amor así.

Por ahora vive tu vida y sé feliz.

Avanza y cumple tus sueños. Vive todo lo que te queda por vivir sin preocuparte tanto por encontrar a esa persona. Ya llegará cuando sea su turno en tu vida. No te preocupes, nadie se queda sin vivir un amor así.

¿Existes?

Supongo que es algo que descubriré con el tiempo, pero no puedo dejar de preguntarme si realmente existes, si hay alguien en este mundo capaz de hacerme feliz como realmente siento que me merezco.

Ya he tropezado con demasiados corazones vacíos de realidades y llenos de intenciones.

Supongo que sí, que pienso que estás en algún lugar y por eso no dejo de equivocarme. Aunque le tengo cierto miedo al dolor, siento que renunciar al amor por culpa de las heridas que me dejan personas que simplemente no han sabido quererme bien no es lo correcto.

Tal vez no haya nadie hecho a mi medida, pero eso tampoco lo veo como un impedimento para ser felices juntos, cada uno con sus sueños, con sus metas, con sus manías y pasados, pero ambos dispuestos a hacer que todo funcione, aunque no sea sencillo. Realmente me conformo con que busque mi felicidad sin olvidarse de la suya. Es un equilibrio difícil de encontrar, al final todo el mundo es algo egoísta.

¿Existes?
Seguro que sí,
pero todavía no te he encontrado.

Tal vez ya nos hayamos cruzado, tal vez no. De hecho, estoy seguro de que llegarás cuando sea el momento oportuno, nunca antes, no vaya a ser que por las prisas estropeemos algo que de verdad merezca la pena.

Sonrío al imaginarte en algún lugar pensando lo mismo. Qué dura la vida que nos obliga a seguir tropezando con otros amores antes de decidirse a cruzar nuestros caminos.

No pasa nada, te seguiré buscando. El amor, como todo lo bueno, llega en su momento y, si es el definitivo, sanará con su abrigo todas las heridas que nos hayan dejado esos pasados que no se merecían el esfuerzo.

Amar es sonreír

El amor es un juego de niños que complicamos los adultos. Queremos de menos por miedo, mientras siempre esperamos que nos quieran de más. Nos volvemos egoístas y confundimos amor con amistad. Es verdad que tu pareja debería ser algo parecido a tu mejor amiga, pero en realidad tiene que ser mucho más. Está ahí siempre, pero también te llena cuando está lejos. El amor que te regala te tiene que explotar en el pecho cada vez que dudes, cada vez que tengas miedo.

El amor no es solo quererse, hay mucho más detrás de todos esos sentimientos. Cuando eliges a alguien para compartir camino, te abres y compartes absolutamente toda tu vida con esa persona. Puede que no esté para siempre, puede que sí, pero en realidad no importa, lo verdaderamente importante es darlo todo, y más durante el tiempo que esté contigo. Sea dos meses, sea una vida entera.

El amor es mucho más que decir lo enamorado que estás.

Es ser capaz de gritarlo en silencio, con solo una mirada o un pequeño beso en la frente. Si aprendes a valorar esos pequeños gestos como de verdad se merecen, entenderás que has amado mal toda tu vida, siempre esperando un «te quiero» cuando ya te lo estaban diciendo, aunque no supieras verlo.

Amar es sonreír cuando la vida aprieta porque sabes que, por muy cuesta arriba que se te ponga todo, no estarás solo, siempre estará esa persona para ayudarte a subir tus miedos, igual que tú para esa persona. Porque claro, el amor no es solo recibir, sino estar ahí cuando te necesite, y si los dos tenéis un día malo, será siempre un poquito mejor cuando os encontréis en medio de los problemas con tu mano en la suya y todos vuestros sentidos dispuestos para la batalla.

Porque sí, porque el amor siempre gana si se ama correctamente. Un equipo, sin dependencias, capaz de luchar solo y, al mismo tiempo, tener fuerzas de sobra que prestarle a esa persona que tanto amas.

¿Qué sentido tiene amar si no?

Ama siempre sin reservas y no tengas miedo al desamor. Si se ha ido, si ya no está, es que no era la persona adecuada para enfrentar la vida a tu lado.

Esa ya llegará.

Día 5 contigo:

Eres ese brillo evidente en mis ojos
cada vez que alguien me pregunta
por ti.

Hoy te vi

Supe que eras tú antes incluso de que te giraras. Algo en mi interior me gritó que te hablara. Sería tu olor, tal vez el sonido de tu voz. Sinceramente, no sé lo que vi en ti aquel día, pero cuando nuestros ojos se cruzaron no pude evitar presentarme.

Todavía recuerdo tu mirada sorprendida, el eco de las risas de tus amigas y el rubor que asomó a tus pómulos. Qué guapa eras, quedé ciego con tanta luz. Recuerdo cómo tartamudeaste un poco por culpa de la sorpresa de que alguien te abordara así. Quizá soy demasiado directo a veces, aunque, pensándolo bien, no me arrepiento en absoluto.

Te apartaste un poco de ellas, algo te debió gustar a ti también para regalarme esa intimidad. Hablamos tal vez cinco minutos, tal vez cinco horas, no lo recuerdo, nadie me bajó de la nube hasta que llegué a mi casa con tu número en el WhatsApp, y dispuesto a darte las buenas noches, una vez más.

Hoy te vi.
Supe que eras tú.

Tal vez te pasó igual, pues todo fluyó como nunca antes me había ocurrido. No sé qué es lo que vendrá ahora, pero tengo clara una cosa: el sueño de esta noche ya lo viví despierto con cada momento que pasé contigo.

Mariposas

No puedo dormir esta noche. Las mariposas de mi estómago vuelan tan fuerte que sus alas hacen volar lejos el sueño. Tal vez sea que prefieren que sueñe despierto, contigo, con todo lo que me haces sentir. Tal vez prefieran una noche de nervios, fiesta y sudor en el calor de unas sábanas que estorban en cada respiración.

Es tarde, mucho más de lo que esperaría despierto por nadie, pero contigo todo es diferente.

No se aguanta despierto por hablar con cualquiera.

No quiero perder ni un solo instante de ti por culpa de tener que dormir. Ni siquiera aunque sepa que también en mis sueños estarás.

Pero no es lo mismo.

Además…, qué bonito saber que tú también aguantas despierta por seguir hablando conmigo «cinco minutos más», que terminan siendo siempre varias horas, hasta que el sueño vence y ese mensaje de «buenas noches» ni siquiera duele en la penumbra de la habitación, en una oscuridad compartida en la distancia que nos abraza y mece hasta que decimos adiós.

Ya me acostumbré también a que las mariposas me despierten antes de que suene el despertador, darte los «buenos días» antes que el sol, para que tu día ya empiece en positivo y el mío igualmente no podría ser mejor. Soy adicto a ti, a este amor que ambos empezamos a sentir. Haces que sonría a todas horas y mis mariposas vivan en continua primavera, siempre volando en busca de un poco más de ti.

Qué extraña sensación sentir algo así de nuevo, cuando pensé que mi última relación las había matado todas y resulta que solo estaban hibernando, esperando a alguien que sí se mereciera la magia de su vuelo, la ilusión que genera un nuevo amor.

Incendio

Puede que no se parezcan demasiado, que cada uno tenga sus historias y no sepan muy bien cómo juntar sus vidas sin provocar un desastre. Puede que no tengan claro qué es lo que sienten, qué es eso que les llama tanto de la otra persona y por qué siempre termina colándose en sus pensamientos.

No se dan cuenta de que están enamorados.

Que de tanto roce, tanto tiempo,
el incendio es inevitable.

Y a los dos les queman dentro las ganas de más, ganas de frenar el mundo y lanzarse de cabeza al universo que prometen sus labios, su cuello, la curva suicida de unas caderas en las que tantos se han matado por no saber qué hacer después, por no atreverse a tomar las riendas de un fuego que, si no tienes cuidado, te quema hasta el alma.

Y duele, más de lo que puedas imaginar, porque amar sin estar preparado es uno de los mayores errores que podemos cometer. Y, aun así, lo hacemos, buscamos llenar vacíos con amores que ni son amores ni son nada, que no llegan siquiera a ocupar el hueco porque les viene tan grande que, cuando se dan cuenta, solo dejan heridas en la huida.

Pero eso es algo que a ellos no les afecta, los dos saben lo que quieren y están preparados para ello, aunque todavía no se han dado cuenta. Solo hace falta una chispa en mitad del silencio, que les ilumine los ojos en la noche y, casi en cámara lenta, provoque el incendio que ambos esperan.

Me gustas, pero...

Me gustas más de lo que deberías. Así de claro lo pienso, así te lo digo. No sé qué va a salir de todo esto, pero tengo miedo de quererte tanto como debo. No por ti, o tal vez sí, no lo sé, estoy demasiado confundido juntando aún los pedazos de mí que perdí echándole pulsos al destino. Tal vez no sea el momento oportuno para todo esto, tal vez sí.

Siempre busqué en otros ayuda o amor para juntar mis piezas, para desear quererlos a pesar de no estar preparado. Ahora siento que estoy bastante lleno de mí como para poder querer a alguien sin miedos, pero al mismo tiempo tiemblo al pensar que me pueda vaciar de nuevo y regresar a todo ese dolor que tanto me ha costado dejar atrás.

**Me gustas mucho,
pero no sé si estoy preparado para ti.**

Y por eso te lo digo así, soy sincero y a veces duele serlo, pero es mejor ir con la verdad por delante a una mentira que siempre termina rompiendo y haciendo sufrir más de lo que cualquier verdad haría nunca.

Me gustas, pero no te quiero, y por eso todos mis instintos me gritan que huya ahora que estoy a tiempo. Pero algo me frena en la huida y me sigue enfrentando a ti, me empuja a tus brazos, y tus besos queman poco a poco el papel en el que escribo todo esto.

Tal vez así se borre, tal vez así se rompan las cadenas que me siguen atando a un pasado que solo aprieta y no me deja vivir libremente. Será que lo sé, que tú no haces nada malo y yo tampoco, y este sentimiento de culpa que llevo por bandera debería dejar de ondear por una vez.

No te mereces que entre al juego si no estoy dispuesto a ir con todo por ti.

Dile lo que sientes

Corre, dile lo que sientes. No dejes que el tiempo pase eternamente, que las oportunidades vuelan y puede que el día que reúnas el coraje que te falta ya sea demasiado tarde. Solo necesitas treinta segundos de valor para lanzarte y apostarlo todo por esa persona. Puede que diga que no, pero al menos ya tendrás tu respuesta y podrás seguir con tu vida sin estar anclado a un presente sin futuro. También puede decir que sí, y habrás ganado mucho tiempo a su lado, que de otra manera seguirías desperdiciando.

**El amor es un juego
en el que casi siempre se pierde.**

Pero, a veces, también se gana, y si no te lanzas, si no dejas atrás los miedos y apuestas el corazón, una vez más, nunca cruzarás esa meta que te espera en algún lugar. Porque eso sí que lo tengo claro: por muchas derrotas que llevemos a la espalda, no es porque no haya un amor definitivo para cada uno de nosotros esperando a la vuelta de la esquina, sino que siempre tomamos la dirección equivocada mientras ese amor espera, paciente, a que giremos de una vez hacia la persona adecuada.

Por eso, díselo.

No dejes que el miedo gane. Dile lo que sientes y suéltate las alas, serás libre, al fin, sea cual sea su respuesta. Y no hay nada malo en abrir el corazón, al contrario, cuanto más lo cerramos más nos duele, porque ningún corazón existe para estar encerrado por muchas heridas que le haya dejado el pasado. El corazón no entiende de miedos, de dolores, se lanza siempre al vacío sin importar el golpe y somos nosotros los que lo frenamos.

No te culpo. Yo también tengo miedo al rechazo, aunque, si te soy sincero, para mí es mayor el miedo a perder el tiempo de ser feliz. Tanto el «sí» como el «no», te harán libre. Para volar lejos o para hacerlo, por fin, a su lado.

Así que… ve y díselo, corre, y vuela libre de una vez por todas.

Más allá del horizonte

Tienes los ojos color infinito. No por lo azul del cielo que se refleja en tu mirada, sino porque podría pasarme una vida entera perdido en ellos o, al menos, hasta que tú me encontraras al cruzarlos con los míos en mitad de todos esos que navegan a tu alrededor. Yo seré el único que nade hacia ti, en tus mares, sin más ayuda que mis brazos y adelantando siempre a todos esos que navegan en grandes barcos.

**Suena idiota, lo sé,
pero un amor como el tuyo
hay que ganárselo.**

No me basta con llegar hasta ti, eso ya lo hacen todos, yo quiero que me mires llegar desde lejos, que te muerdas el labio como quien intenta gritar en silencio porque sabe que algo bueno se acerca y no quiere llamar a la mala suerte, de esa ya has tenido suficiente, creo yo.

Por eso, prefiero tomármelo con calma y esfuerzo, para enamorarte como sé que puedo hacerlo… si tú me dejas, claro. No seré yo quien te obligue a amar, eres tú quien tiene que abrirme sus puertas para que todo cuanto sientas sea real.

Prometo no dolerte allí donde naufragaron otros, ni tampoco azuzar tus días de tormenta. Calmaré tus olas y secaré tus ojos con el viento de un futuro que nos espera más allá del horizonte. Llegaremos, lo prometo, más lejos de lo que ha estado nadie.

Los dos hemos esperado demasiado tiempo para encontrar a alguien capaz de sumar en nuestras mareas. No se puede seguir luchando a contracorriente por amores que nunca supieron de dónde soplaba el viento, marineros de agua dulce que se ahogan en el mar sombrío de tus curvas, que nunca saben cómo salir a flote.

Ven conmigo, yo te espero. Nademos juntos en este mar revuelto de pasados, pero lleno de ilusiones que nos esperan más allá del horizonte.

Día 10 contigo:

Lo mejor de mi sonrisa
es saber que tú me la provocas.

Primer beso

Me muero por besarte, no sabes cuánto, pero tengo miedo, no sé por qué. Es como si dudara de si tú también quieres juntar así nuestras vidas, tal vez para siempre, tal vez solo un instante. Dos universos chocando bañados en saliva, con la fuerza de dos mares que se encuentran y dudan si juntarse.

Y es un miedo irracional, ¿sabes? Si ya nos hemos abrazado, incluso caminado de la mano. Si ambos tenemos claro que estamos donde queremos estar y, aun así, nos cuesta dar ese primer paso. Siento nervios en el estómago, algo me aprieta fuerte el corazón.

No duele, solo es amor.

Mariposas que me llenan el alma y no saben si volar o reírse de mí por mis miedos, por mis nervios.

Da igual. En algún momento llegará.

Pero me miras con esos ojos tuyos que me prometen infinitos y me derrito un poco más, si cabe. Y sigo sin atreverme a besarte, no sé por qué, no te vas a apartar, ¿verdad?

No, no lo sé.

Y así pasan los días, en busca del momento perfecto. Tal vez llegue, tal vez no. Me mata la incertidumbre. Me contengo las ganas y sé que no debo, pero no quiero estropear lo que tenemos por besar antes de tiempo.

Ya lo sé, te beso.

No, mejor no.

Ya lo tengo, ¿qué te parece si besas tú?

Aunque a veces olvido que todo esto lo llevo por dentro, que no lo hablo contigo, que a ti solo te miro mientras tú llenas mi silencio con palabras que ya no escucho porque…

Allá voy.

El cielo de sus labios

Amo su sonrisa cómplice después de cada beso, el grito mudo del deseo que se esconde en nuestros labios y que, si por mí fuera, nunca me alejaría más de dos centímetros de su boca. Así, cada vez que mis ansias de su amor desbordasen mis fuerzas, solo tendría que cruzar ese pequeño abismo para rozar de nuevo el cielo de sus labios.

Adoro en igual medida cada uno de los 47 lunares de su piel. Son el mapa del tesoro de su vida, un camino por las curvas en las que tantos otros se han matado por querer volar demasiado alto antes de estar preparados. Yo, en cambio, prefiero contarlos uno a uno, sin prisas, disfrutando del universo que se esconde en su piel.

**Hay lugares de su alma a los que nunca
ha entrado nadie, ni siquiera ella.**

Por eso me gusta ir despacio, pisando seguro antes de cruzar cualquier barrera que sus defensas hayan levantado. Y cómo me encanta que ella las cruce todas de mi mano, descubriendo juntos un mundo nuevo que empieza a brillar con luz propia en el horizonte de nuestras vidas.

Será que estoy perdidamente enamorado, no lo sé, pero tengo claro que no pienso estropearlo esta vez. Personas como ella pasan una sola vez en la vida y creo que ya me toca, por fin, ser feliz.

Me haces sentir especial

Puede que aún no estemos enamorados, que este sea el comienzo o incluso el final de nuestra historia. No me gusta pensar en futuro cuando el presente brilla tanto, no vaya a ser que me pierda lo importante por querer vivir antes de tiempo lo que la vida nos tenga reservado, pero no puedo dejar de pensar en lo especial que me haces sentir. Dicen que las mariposas vuelan fuerte cuando aparece alguien así, pero es que las mías están tan alteradas que siento que la primavera este año se dará más prisa en llegar por ti.

**Nunca antes una sonrisa
me había hecho sentir tanto.**

Y más aún cuando sé que soy yo el que te la provoca. Como si fuera el premio a mi esfuerzo por retener el tiempo, el eco de todo esto que nos está pasando. Remueves cosas que nunca antes nadie había tocado, quizá no se atrevieron, tal vez estaban demasiado altas, pero no para ti y tus alas, no para ti y tus ganas de hacerme feliz.

Ya veremos qué nos depara el mañana, pero por el momento te aseguro que nunca antes nadie me había hecho sentir así, tan lleno de vida, tan lleno de amor que ni siquiera los pasados sufridos se atreven a llamar a la puerta de mis miedos. Nada me va a estropear esto.

Ni siquiera yo.

Volver a coserte las alas

Duele tenerte a medias, limitando lo que das por culpa del daño que te hicieron otros. Sentir que, aunque querrías darlo todo, no te atreves por miedo a que yo también pueda llegar a doler igual. Y no te culpo, veo tus alas rotas guardadas en el armario y no entiendo cómo alguien pudo llegar a cortártelas así.

A ti, que si ya eres hermosa con los pies en el suelo no me puedo imaginar lo que sería verte volar alto, sin miedos, a mi lado; rozar las nubes con el filo de todo lo que te hicieron para ver si así se desafila aquella cuchilla con la que un día quisiste terminar con todo.

Déjame que te abrace las dudas, dame al menos eso. No tengas miedo de mí, solo quiero verte feliz, besaré una a una todas las heridas hasta que se vuelvan cicatriz y, solo entonces, desempolvaré ese par de alas tuyas que tanto echas de menos. Volver a coserte las alas es lo que más quiero, verte libre y feliz, volando sin complejos, sin miedos.

No te mereces todo lo que te hicieron, pero sí todo lo bueno que está por llegar.

Ya lo verás: no dejaré que nadie te vuelva a lastimar así, ni siquiera yo.

Seré torpe de nacimiento, pero sé lo mucho que vales y nadie se merece vivir encerrado en sus miedos de la forma en que tú lo haces ahora. Llevará tiempo, no lo dudo, pero lo conseguiremos. Estamos juntos en esto y, lo prometo, no me iré a ninguna parte por mucho que trates de echarme. Sé que no lo dirías de verdad, que solo es el miedo a que duela salir de detrás de todas esas defensas que has ido levantando.

Y dolerá, seguro.

Nadie sale ileso del amor.

Pero será una bonita batalla que venceremos siempre que tú te atrevas a ser feliz de nuevo, a cualquier precio, incluso aunque eso suponga perder el vértigo a volar una vez más sin miedo a la caída.

Mar en calma

He navegado demasiado como para no saber apreciar un mar en calma. La paz después de tantas tormentas que, al mirar fuera de borda, te obliga a pellizcarte para ver si aún sigues vivo o si, por el contrario, toda esa paz que ahora surcas es parte de un sueño. El tuyo. Demasiado bonito para ser verdad.

Y qué feo pensar así por culpa de mis miedos.

Estar esperando a despertar para seguir viviendo cuando estoy despierto y soñando al mismo tiempo, contigo, viviendo una realidad que nunca creí posible cuando los vientos del pasado azotaban mis cimientos con sus olas de siete metros, tan altas, tan fuertes, que naufragué demasiadas veces hasta llegar a tus costas.

Y qué bien se vive aquí ahora, en la paz de tu mirada, con un horizonte en calma que no amenaza tormentas porque aquí, en nuestro mundo, nosotros somos los dioses del tiempo y nos negamos a perder este amor por culpa de alguna tontería. Elegimos ser felices, aunque eso suponga que a veces no tengamos razón, y qué más da, la razón solo quema, mientras la paz de disfrutar de la vida te mantiene cuerdo, atado a una realidad mucho más bonita que aquellas tormentas que dejaste atrás.

Obviamente, esto solo lo aprendes con el tiempo, yo lo descubrí contigo, cuando llegué a tus aguas con las velas rotas, tan empapado que te costó aguantar la risa. Pero lo hiciste, claro, secaste mis miedos, calmaste mis futuros. Tuve claro, al fin, que no hay por qué temerle al amor, sino a las malas decisiones que vamos tomando por el camino.

Tuyos mis sentidos

No quisiera prometerte algo que no pueda cumplir y por eso nunca te hablo de «para siempre» o de «amor eterno». Me muerdo la lengua cada vez que una de esas promesas asoma, no porque no quiera que se cumplan, sino porque siento que si no lo hicieran, siempre podrías echarme en cara todo lo que no cumplí.

Prefiero hablarte de realidades, de presentes, de entregarme a ti con cada uno de mis sentidos para que tengas claro que no quiero ver a nadie más,

escuchar a nadie más,

tocar a nadie más,

oler a nadie más,

saborear a nadie más…

Que eres todo cuanto quiero y nadie podría quitarte eso porque tuyas son mis ganas de querer y mi amor, o al menos el pedazo más grande de corazón que aún me queda intacto después de tantos desastres. Soy tan tuyo como me puedo permitir ser de nadie. Tengo que guardarme algo para mí, bien sabes que no podría soportar romperme de nuevo por no tener cuidado.

Y por eso te quiero tanto, porque entiendes que todo lo que tengo te lo doy y no me guardo nada.

Si antes amé con todo,
tú no te mereces menos.

Solo te pido que no tiembles, que no me dejes caer, no quiero tener que volver a pasar por todo eso, aunque sé que podría hacerlo porque la vida me ha demostrado que soy mucho más fuerte de lo que jamás imaginé.

Solo quiero que tengas claro que no hay, ni habrá nadie más mientras exista amor en esto que tenemos. Incluso aunque lo hubiera, jamás te haría eso. Antes de doler así, te diría adiós.

Tuyos son mis sentidos, de ti mi corazón. No tengas miedo de perderme pues no hay otro lugar en el que yo quiera estar que no sea viviendo esta vida a tu lado.

Diosa de mi mundo

Tengo la mirada perdida en tus horizontes porque pienso cruzarlos de uno en uno sin temor al desierto que se esconde en tus miedos. Lo atravesaré con mis ganas de quererte, y beberé tus lágrimas para que nunca se derramen de nuevo por alguien que no te merece. Seré yo quien gane la batalla de tus complejos y quizás así pueda dejar en tu cabeza la certeza de que eres preciosa tal y como eres.

**Que no hay arruga, cana, grano o kilo
que oculte tu belleza, aunque lo intenten.**

Y si otros no supieron ver más allá de todo eso, es que estaban ciegos y yo seré el único tuerto que reine en tu mundo. Contigo a mi lado, claro, pues no hay nadie mejor que tú para compartir camino. Y te prometo que te diré cada día que eres increíble para que no se te olvide de nuevo, tan hermosa que a veces me pregunto si eres reina o eres diosa de mi mundo.

Tengo tantos futuros que compartir contigo que no sé cuál elegir, si primero besar tus miedos o tus muslos para luego recorrer juntos, de la mano, todo lo que la vida nos tenga reservado. Y ahí, morder fuerte, para que no se nos escape la presa, que bastante nos ha costado ya ser así de felices.

Supongo que piensas que exagero, pero créeme que siento que me quedo corto, pues nada que diga se podrá acercar siquiera a todo lo que siento cuando estoy contigo. Me dejas mudo de tanto que quiero gritar de pura felicidad, y por eso a veces aprieto tu mano demasiado fuerte: para que nunca te escapes de entre mis dedos por no haber sabido quererte como en verdad lo mereces.

Estrellas

La vida me brilla de una forma diferente desde que tú estás en ella. Incluso los días de tormenta amanecen con el sol en lo alto, rayando las nubes con tu luz para que nunca tenga miedo de los truenos.

**Eres la música que suena en la radio
cuando pienso en ti.**

Eres la tarde de invierno escondidos tras una manta, tan desnuda la piel como el alma, y tus besos en mi pecho laten al ritmo acelerado de mi corazón. Ese que es tuyo, que te regalo en cada latido porque sé que contigo no corre peligro. Aunque siento que a veces amo de más y me da miedo que un día puedas no estar, no pienso vivirte de otra manera.

No te mereces menos que un amor tan sincero como el tuyo, tan cálido que nuestro abrazo quema y, aun así, ninguno piensa soltarlo. Y si un día fallara, si se quebrara en dos y nos tocara reconstruir los pedazos, lo haré sonriendo, pues lo mejor de mi sonrisa es saber que tú me la provocas.

No quisiera asustarte con todo esto que siento, pero es que hace mucho tiempo que nadie me ilusionaba así. Eres la suerte esquiva que tanto me costó atrapar al vuelo y no te pienso dejar escapar por culpa de mi torpeza. Sé que lo sabes, pero está bien decirlo en voz alta de vez en cuando para que los miedos y los ecos de fracaso se espanten con todas nuestras ganas de amarnos.

No lo olvides: te quiero tanto que no hay llanto alguno que me nuble el cielo y tape las estrellas que, una a una, hemos ido pintando allá arriba para poder encontrar siempre el norte que nos lleve a casa, a ti, a mí, a un nosotros que es «hogar».

Quiéreme entonces

Quiéreme cuando no me quiera yo, para que nunca olvide que el amor puede más que cualquier complejo. Dicen que el amor es ciego, pero tampoco pienso que sea así, sino que cada uno ve la belleza de una forma diferente, y eso es lo bonito, porque si lo piensas, todos somos hermosos a los ojos de alguien.

Y no sabes lo mucho que me llena verme reflejado en tu mirada y entender que esos ojos no mienten cuando dicen que me aman tal y como soy. Aunque me cueste aceptarlo, aunque yo vea mil complejos, no dejes de quererme entonces, pues será cuando más necesite sentirme querido.

Me pasa a mí y le pasa a todo el mundo: las dudas que tenemos germinan dentro y crecen más allá de todo lo que intentamos controlar, quizá por eso se escapan a nuestro control y el espejo nunca es un buen lugar en que mirarse, siempre habrá algo que nos llame la atención y qué doloroso sería ver que mis miedos se reflejan en tus ojos.

Pero sé que nunca ocurrirá. Tú me ves con los ojos del amor, de quien ama hasta los defectos más pequeños y no los ve como tales, sino como las virtudes que me hacen ser como soy y, por ende, te enamoran siempre un poco más.

Quiéreme entonces porque no sabría describir el dolor que sufriría si en lugar de besarlas, abrieras más mis heridas.

No soy perfecto, ya lo sé,
pero lucho cada día por aceptarme un poco más.

Tú me ayudas con ello, aunque no te lo diga. Porque siento que, si siendo así de imperfecto conseguí enamorarte, quizá sea que no estoy tan mal como mi cabeza se empeña en hacerme pensar a veces.

Libre y valiente

No sabría por dónde empezar a darte las gracias. Supongo que lo primero debería ser un: «Gracias por estar en mi vida». Y es que es un privilegio compartir camino contigo, aprendiendo de ti y de tu forma de vivir cada momento.

Tienes magia en la mirada y me contagias tus ganas de comerte el mundo, no importa lo difíciles que se pongan las cosas, siempre encuentras la salida que te permita seguir siendo feliz. Y yo no dejo de asombrarme cada vez que te veo sonreír en la tormenta, con los pies bien plantados en el cielo, porque dices que no se puede soñar libremente sin volar tan alto como te lo permitan tus alas.

Y eres experta en caídas, pero sigues tan entera como el primer día porque todas las heridas sanan cuando tocas el suelo solo para tomar impulso y volver rumbo a tus sueños, más fuerte que antes.

No importa que te partan las ganas, que te corten las alas, siempre crecen de nuevo si no dejas que el mundo te cambie, si no permites que ganen todos esos infelices que tratan de arrastrarte a su realidad.

Hace tiempo pensaba en ti como la estrella más brillante del firmamento. Hoy, al mirarte, sé que no solo brillas, sino que eres esa estrella fugaz a la que todos miran cuando pasa, tratando de retener en la mirada el breve instante de esperanza que representas mientras formulan sus deseos. Y no sabes qué bonito es luchar a tu lado, ir cumpliendo sueños sin perder nunca de vista la estela que dejas en el cielo a tu paso.

Tú eres feliz así: libre y valiente.

Y yo trato de encontrar mi camino volando a tu lado, aprendiendo a ser feliz entre tantas dudas que me dejó el pasado, pero con la mirada puesta en un futuro en el que sé que no me faltarás.

Tienes magia en la mirada, sí, pero también un corazón que no te cabe en el pecho. Supongo que por eso te quiero tanto, porque eres libre de irte adonde quieras, pero a pesar de ser tan increíble, siempre eliges quedarte a mi lado.

Amar sin callar

Siempre tuve miedo de discutir con quien amaba, hasta que llegaste tú para hacerme entender que a veces hay que dejar salir lo que callas. Con respeto, claro, y solo de vez en cuando, si no, es que algo falla y tal vez el amor no baste para seguir en un lugar en que los gritos y llantos formen parte del día a día.

Pero contigo no es así.

A veces chocamos, es inevitable.

Somos dos planetas independientes que decidieron juntarse, y no siempre es fácil acoplar las órbitas sin cruzar algunos límites. No hay nada malo en ello, solo hay que ser valiente para decirle a quien amas qué es eso que tanto te molesta, que no te gusta o que tú habrías querido que fuera de otra manera.

La clave está en encontrar el equilibro, en saltar juntos del tren antes de llegar a la curva en que siempre se descarrila y mata todo lo que habéis luchado por construir. Cuando sientas que eso ocurre, bésala. Cállate las penas y pon siempre al amor por delante. Hay líneas que nunca se deben cruzar, ni escalar las discusiones hasta que ya no tienen camino de vuelta.

Te quiero y eso es siempre lo más importante. Lo siento si alguna vez me enfado de más, aunque eso no signifique que te quiera de menos, y sé que tú igual. Me gusta que seamos capaces de hablar, creo que ahí está la clave, el porqué de tantos corazones rotos antes de ti. Por haber callado tanto que al final todo explota y duele más que decir en pequeñas dosis.

Pero qué miedo nos da, ¿verdad? Como si pudiéramos hablarlo con todo el mundo antes que con nuestras parejas, y así nos va…, con más desamores evitables que reales a la hora de la verdad.

No te preocupes, seré siempre valiente contigo, seré yo mismo. No quiero silencios en esto que tenemos, mejor verdades, aunque duelan, que explosiones de rencor de esas que no tienen remedio.

El tiempo sin ti

Tiene gracia, pero me he dado cuenta de que todo lo que hubo antes de ti solo cuenta como segundos en mi memoria. En cambio, el tiempo que paso contigo, el que ya hemos cumplido y todo lo que nos queda por vivir juntos, pasa a un ritmo diferente, como si mi cabeza quisiera recordar cada instante por si algún día vuelvo al tiempo sin ti.

Es cierto que me da algo de miedo, a veces, pero también siento que, aunque un día decidas irte, no podré más que darte las gracias por lo que he vivido contigo. Eres increíble, haces que un día valga por tres solo con tu sonrisa, no hablemos ya de tus besos o de ese corazón tuyo que late por los dos cuando estamos cerca.

Será que de sus latidos nacen mis ganas de hacerte feliz, bailando bajo la lluvia de un día soleado para espantar las sombras de un pasado que se asusta con el presente que me prometen tus labios, con el futuro que me demuestras cada día.

Como si estuvieras esperando el momento indicado para hacer siempre que mi mundo se ponga patas arriba. Qué mal acostumbrados estamos al dolor y qué poco a que nos quieran como de verdad merecemos, por eso, cuando llega alguien como tú, nos cuesta diferenciar entre vida y sueño.

Y qué si estoy soñando.

Y qué si un día despierto y no estás.

Al menos te habré vivido suficiente como para entender que merezco mucho más de lo que otros corazones me habían ofrecido antes.

**Por eso, gracias a ti,
ya no le tengo miedo al tiempo en que no estabas.**

Aunque preferiría no volver a todo aquello, más que nada, porque prefiero seguir siendo feliz contigo que buscando un nuevo camino entre las ruinas de un amor que, por una vez, me ha regalado solo cosas buenas.

Gracias por estar siempre ahí

A veces siento que no te lo digo suficiente, que debería ser capaz de gritarlo cada día que me nazca darte las gracias por tanto. Pero no soy así, lo sabes mejor que nadie; aunque puedo hablar sin parar, en lo que a sentimientos se refiere, a veces soy más cerrado de lo que me gustaría.

Hoy te quiero agradecer por todo, por estar siempre ahí a pesar de los tropiezos y ser la mano tendida que me ayuda a levantarme. Eres de las pocas personas que sé que no me fallarán nunca y no sabes lo bien que sienta tener a alguien así en mi vida. Gracias por cada momento juntos, por ser la risa que le quita el sonido a las tormentas y hace que los truenos sean un lugar mágico en el cual sentirme seguro.

Nadie había conseguido algo así antes. Siempre creí que tener a alguien como tú a mi lado sería imposible.

**Cuando llegaste a mi vida
nunca imaginé que terminaríamos así.**

Si me lo hubiesen preguntado entonces, me habría reído, incrédulo, y tildado de loco a cualquiera que pensara eso.

Pero aquí estamos y ya no sé vivir sin ti. Seguramente pudiera hacerlo, pero es que realmente no quiero ni tener que intentarlo. Te anhelo en mi vida, siempre, eres ese toque de alegría que eternamente hace falta. Esa felicidad que llega solo cuando te veo, cuando te tengo cerca, y tienes la capacidad de leer en mi sonrisa que algo no anda bien. Entonces es cuando más te admiro, por conseguir que los monstruos que me acechan en la noche se vayan lejos y amanezca antes el día. Por raro que suene, sé lo que quiero decir: eres magia.

Tienes tanta paciencia conmigo que no sé ni siquiera cómo es que sigues aquí, yo ya me habría hartado de mí hace mucho tiempo, pero tú no. Tú insistes en tenerme a tu lado, en ser feliz conmigo y no sin mí, y te vuelvo a dar las gracias una y otra vez por ello, porque te quiero tanto que estar sin ti sería devastador. No me lo quiero ni imaginar.

Simplemente, gracias.

Por las risas, por la alegría, por la felicidad que siempre traes a mi vida. Por ser un pilar que nunca tiembla y en el que sé que siempre puedo apoyarme. Gracias por seguir ahí cuando los demás no estaban, por entender mis malos ratos y mil manías y, sobre todo, por ser siempre tú y nunca dejar de serlo conmigo.

Día 20 contigo:

Eres ese «alguien»
capaz de amarme con todo
lo que otros no supieron.

Ya no tengo miedo

Qué increíble es mirarte y saber que estás a mi lado. Siempre soñé con encontrarte y, ahora que te vivo, a veces me cuesta diferenciar entre vida y sueño. Por eso me pellizco tanto, con miedo a que te vayas si no duele, a que despierte y no te abrace porque todo haya sido un sueño y solo quede silencio y ausencia en mi cama.

Pero siempre duele.

Y tú siempre te ríes de mí al verme así, con los ojos cerrados antes de abrirlos para ver si sigues a mi lado. Y me besas las dudas, me calmas los miedos, me quieres como nunca fui capaz de quererme yo mismo. Me ayudas también con eso.

He ganado dos amores contigo:
el tuyo… y el mío, que tanta falta me hacía.

Gracias por ser como eres, por no dejarme caer. Sé que a veces no soy fácil, pero lo intento compensar el resto del tiempo para que siempre sientas que merezco la pena. Yo sé que lo valgo, que todos tenemos nuestros días malos y eso no tiene por qué afectar a una pareja.

Y siento que tú también.

Me has dado la confianza que antes me faltaba. Me habían dolido demasiado como para salir ileso de aquel desastre. Ahora ando en obras, reconstruyendo con paciencia los cimientos de una vida que terminó por venirse abajo, y todo es más sencillo contigo a mi lado.

Te quiero más que lo debería, tal vez. O… tal vez no. Después de todo, ¿por qué reservarse algo en el amor? No te mereces menos de lo que antes les haya regalado a otros corazones. Aunque esté hecho pedazos, soy todo tuyo.

Y no tengo miedo al desastre.

Ya no.

Qué suerte fue encontrarte.

Te quiero, me quiero

Es increíble todo lo que me haces sentir. Realmente nunca creí que volvería a amar así, no después de tantos incendios, pero tú, con tu paciencia infinita, has sabido hacer algo maravilloso de todas las cenizas.

Creo que nunca había sentido nada así, tan grande, tan intenso. Soy feliz solo por haberte conocido y, además, no quepo en mí de la alegría de saber que me he enamorado de alguien que solo ha sabido demostrarme amor desde el mismo día en que llegó a mi vida.

Quién me lo iba a decir, que se podía amar así, sin tropiezos, sin heridas, sin disculpas, con amor, con pasión, con felicidad. Y dejar atrás los pasados como quien sopla las velas en su cumpleaños, apagando de un solo vendaval todos los fuegos del ayer.

Te quiero más de lo que he querido nunca a nadie.

Y no miento: no hay miedo alguno en mí. Has conseguido hacerme olvidar las dudas, también mis propias inseguridades. Ya ni siquiera me paro en los espejos a juzgarme. Si todo este desastre que soy ha conseguido enamorar a alguien tan increíble como tú… es que no hay nada malo en ese que me devuelve la mirada al otro lado de mis dudas. Todo lo contrario. Me has ayudado a amarme de nuevo, y eso es algo que no sé cómo podré llegar a agradecerte.

Dejé de habitar los pasados porque no me permitían amarme también a mí. Pero contigo todo es diferente, tú me empujas a quererme tanto o más de lo que te quiero a ti, por imposible que parezca.

Y ahí está nuestra medida, en el esfuerzo regalado por hacerme olvidar los defectos que una vida de malas decisiones me ha ido colocando en la cabeza.

Menos mal que es tuya ahora: mi cabeza, cuerpo y corazón, yo te los entrego. Sé que no podrían tener un hogar mejor que a tu lado.

¿Por qué tú?

Es una pregunta que me hago de vez en cuando. El amor tiene estas cosas, te cruza en el camino de quien menos te lo esperas, aunque esa persona rompa todos tus esquemas. No importa que antes te gustaran las personas rubias o morenas, altas o bajas, todo da igual, solo te importa el color de su mirada y el calor del fuego de su amor. Te pinta las mañanas de una felicidad antes desconocida y tú, cómo no, únicamente puedes sonreír y sacudir la cabeza para sacar de ella todo lo que antes creías que estaba bien.

Para mí, ya nada importa más allá de ti. Te has convertido en la sonrisa de mis días, en el motivo y mis ganas de ser feliz. Me has enseñado a volar tan alto que olvidé el vértigo que me producían las alturas. En tu castillo de nubes nunca se pone el sol, porque no hay estrella que brille más que tú. Y no pienso marcharme de aquí. Encontré, al fin, un corazón que me quiere por lo que soy.

Y yo no cambiaría nada de ti.

Y qué bonito sentir que estamos donde debemos estar, que nuestras piezas encajaron para completar el *puzzle* de una vida que siempre estuvo un poco coja hasta que te conocí.

¿Por qué tú? No lo sé, pero doy las gracias a la vida por ponerte en mi camino y solo espero que esta felicidad que ahora vivimos dure eternamente. Para qué buscar en otros labios, en otros cuerpos, en otro corazón… si ya te tengo a ti, por fin.

Ojalá… ojalá siempre tú, nosotros.

Ojalá un futuro que nunca separe nuestros caminos porque tú, y solo tú, has conseguido que olvide todas y cada una de las heridas de mi pasado y me centre, al fin, en ser feliz conmigo, contigo, con lo que la vida nos tenga reservado.

Caricias en la espalda

Acariciar tu espalda desnuda hasta que te quedes dormida también es otra forma de hacer el amor. Rozar con mis dedos el universo de tus lunares y perderme una y otra vez para tener que volver a empezar, para seguir soñando a tu lado con estrellas fugaces que nacen de tu cuerpo y son siempre parte del deseo cumplido de estar contigo.

Adoro matarme en el precipicio de la marca del sujetador en tu piel, allí donde consta el peso de una vida que te sigue dejando huella día tras día, y yo, que no soy más que aquel que intenta aliviar tus penas, acaricio como quien trata de borrar un recuerdo inenarrable.

Y poco a poco, cede.

Y antes de que te quedes dormida, desaparece el abismo que cruzaba tu constelación.

**Y me pregunto si alguna vez estuvo ahí,
si tú podrás desaparecer de igual manera.**

Si tal vez mis caricias no lleguen lo suficientemente dentro y tu corazón algún día ya no las sienta… Tal vez, entonces, te pierda. Y qué horrible la vida sin tu universo en mi cama, sin tu risa en cada mañana de mi vida cuando te despiertas antes que yo y decides que ya he dormido suficiente.

Entonces, besas. Me recuerdas con tus caricias que no soy el único en esta relación, que somos dos los que luchan y no hay olvido alguno que aceche en las sombras mientras la luz de todo esto que sentimos siga encendida. Por eso queman tus dedos cuando recorren mi vida, cuando acaricias tan dentro que sé que dejas marca y, aun así, no puedo evitar sentirme feliz, sentirme pleno, sentir que al fin estoy con alguien que entiende que la vida dura un suspiro, y que solo podemos aspirar a atraparlo al vuelo cuando realmente somos felices.

Mi mujer maravilla

Ella es la chica de las canciones románticas, de las películas de finales tristes y las faldas infantiles. De esas que callan cuando la vida aprieta y sonríen cuando sienten que pasó la tormenta. Me gusta formar parte de su vida porque hace que realmente me sienta partícipe de ella. Es tan maravillosa que la luz de mis días ha cambiado y ahora todo gira en torno a su estrella.

Aunque a ella no le guste, claro.

Es tan poco protagonista que me insiste en que no deje de quererme a mí por quererla a ella. Ya ves tú, ¿quién demonios es tan perfecto como para pedirte eso?

**En el fondo, todos somos algo egoístas
y siempre queremos que nos quieran
más que a nada, más que a nadie.**

Me gusta cuando me mira fijamente ideando un plan que me rompa los esquemas; que desnude su alma cada vez que hablemos y no tenga miedo a que tiemble cerca de sus cimientos. Son fuertes, dice, y nos protegen a los dos. Y, si no, tampoco me importaría que todo se venga abajo mientras esté a mi lado para enfrentar el futuro. Ella sí que es la mujer maravilla, la mía, el milagro cumplido en esta vida.

Amo sus besos en la mejilla, que me despierte antes de que suene el despertador solo para que la abrace los últimos minutos de sueño que nos queden antes de que el día empiece. Me encanta su olor, su sabor, su sonido. Mis sentidos se disparan cuando la tengo cerca, es un tesoro tan grande que a veces tengo miedo de esconderla a simple vista, pero quién soy yo para querer guardarla, prefiero vivirla el tiempo que me quiera a su lado a pasar con ella una vida de silencios y tristeza.

No podría hacerle eso. Ella es libre y por eso me gusta tanto, más aún cuando me tiende la mano para seguir el camino, para seguir viviendo a su lado.

Ella lo es todo

Ella es lo mejor que me ha pasado en la vida. Es así, sin dudas o temores. Se ha ganado mi corazón con paciencia y esfuerzo, sin prisas ni atajos, sin heridas. Es más, se ha empeñado en sanar todas las que me había dejado el pasado, aireando las habitaciones de mi corazón para convertirlo de nuevo en un lugar cálido en el cual refugiarse.

Lo ha llamado «hogar». Dice que no se va a ninguna parte, que ha decidido abrazar mi amor el tiempo que yo la deje quedarse. Ojalá para siempre, ojalá. No tengo dudas con ella, solo quiero seguir disfrutando de todo lo que me hace sentir. Es tan única, tan genial, que sé la suerte que tengo de tenerla en mi vida.

Ella lo es todo.

Es la suerte, esquiva, que nunca había tenido a bien caminar conmigo. Ahora, en cambio, enfrento el mundo de su mano y todo parece mucho más sencillo, incluso amar.

Siempre creí que el amor tenía parte de herida hasta que llegó ella para demostrarme que el amor es quererse bien, sin hacer daño ni dejar más huellas que las de una felicidad compartida.

Cuando estoy sin ella el tiempo pasa lento, eterno, hasta que al fin la veo y hace que desaparezcan las horas de cada reloj. Nada importa más allá de su sonrisa, de su felicidad. Nos cuidamos el uno al otro y, al mismo tiempo, hay espacio de sobra para querernos también a nosotros mismos. Eso es algo que no puede faltar en ninguna relación: que el amor propio esté a la altura del regalado, no vaya a ser que des de más y te pierdas en el laberinto de emociones que la otra persona genera en ti.

Pero con ella no tengo ese problema. Siempre me ayuda a mantenerme a flote. Somos un equipo, aunque reconozco que adoro la dictadura de sus labios en mi piel, quemando con su fuego mis ganas de seguir a su lado no una, sino todas las vidas que pueda robarle al tiempo.

Amor para siempre

Ya está, creo que nos hemos pasado el amor. Es como ese juego que nunca conseguías terminar y, de repente, todo encaja. Contigo me siento así: sin miedos, sin dudas, solo con un amor creciente que desborda cada día por encima de los sueños cumplidos a tu lado.

No te cambio por nada.
Adoro todo de ti.

Nunca creí en el destino hasta que te puso en mi camino. Ahora entiendo que todo lo que hubo antes de ti fue aprendizaje, una línea curva, llena de altibajos, que me llevó a saber apreciar el amor que me regalas cada día.

Y qué feliz soy contigo siendo yo, sin tener que ocultarme. Somos el caos que encuentra el orden en sí mismo, la salida de emergencia que nos salvó de seguir subidos en todos esos amores que no nos merecían. Eres increíble y no te das ni cuenta. Y no sabes cómo valoro tu mano en la mía para enfrentar los días que nos queden por vivir.

Juntos. Siempre.

Lo tengo claro.

Y eso que juré que no volvería a ilusionarme así, pero es que contigo todo es tan sencillo que no sé por qué no apareciste en mi vida mucho antes. Sí, lo sé, estaba aprendiendo de mis errores. Pero… ojalá hubiese aprendido antes.

Gracias por enseñarme que el amor no tiene por qué doler, que las noches no son tan oscuras ni tan eternas, que siempre sale el sol por muy negro que se vea el mañana. Y tú sonríes, claro, para ahuyentar con tu luz las últimas sombras de ayer que todavía hoy me rondan el alma.

Amor de verdad. No sé definirlo de otra manera.

Amor real, amor para siempre.

Y que este «para siempre» sea una promesa que, por una vez, se cumpla.

Un mes contigo:

Tus abrazos tienen sabor a
«me quedo aquí toda la vida».

Nadie sale ileso del amor de Alejandro Ordóñez
se terminó de imprimir en enero de 2020
en los talleres de
Impresora Tauro, S.A. de C.V.
Av. Año de Juárez 343, col. Granjas San Antonio,
Ciudad de México